明代登科錄彙編

九

嘉靖十七年進士登科錄

玉音

嘉靖十七年三月初九日禮部尚書兼翰林院
學士臣嚴嵩等於
奉天門奏為科舉事會試天下舉人取中三百二
十名本年三月十五日
殿試合擬讀卷官及執事等官少傅兼太子太師
吏部尚書華蓋殿大學士李時等六十四員其

進士出身等第恭依

太祖高皇帝欽定資格第一甲例取三名第一名從六品第二第三名正七品賜進士及第第二甲從七品賜進士出身第三甲正八品賜同進士出身奉

聖旨是欽此

讀卷官

光祿大夫柱國少傅兼太子太師吏部尚書華蓋殿大學士李時 壬戌進士

光祿大夫柱國少傅兼太子太師禮部尚書武英殿大學士夏言 丁丑進士

榮祿大夫太子太保吏部尚書許讚 丙辰進士

光祿大夫掌詹事府事太子太保禮部尚書兼翰林院學士顧鼎臣 乙丑進士

光祿大夫太子太保兵部尚書張瓚 乙丑進士

資德大夫太子少保刑部尚書唐龍 戊辰進士

資善大夫工部尚書兼翰林院學士溫仁和 壬戌進士

資德大夫正治上卿太子太保兵部尚書兼都察院左都御史王廷相 壬戌進士

通議大夫吏部右侍郎兼翰林院學士掌院事張邦奇 乙丑進士

嘉議大夫通政使司通政使鄭紳 甲戌進士

通議大夫大理寺卿屠僑 辛未進士

嘉議大夫太常寺卿兼翰林院侍讀學士陸深 乙丑進士

翰林院侍讀學士奉直大夫姚淶 癸未進士

提調官
資政大夫禮部尚書兼翰林院學士嚴嵩乙丑進士
通議大夫禮部左侍郎兼翰林院學士張璧辛未進士
嘉議大夫禮部右侍郎兼翰林院侍讀學士蔡昂甲戌進士
監試官
文林郎山西道監察御史王鎬己丑進士
文林郎河南道監察御史董珊丙戌進士
受卷官
奉直大夫右春坊右諭德張治辛巳進士
奉直大夫右春坊右諭德王用賓辛巳進士

文林郎吏科都給事中高擢 己丑進士

徵仕郎戶科左給事中曾烶 癸未進士

彌封官

中大夫光祿寺卿周令 秀才

中大夫太僕寺卿徐富 甲子貢士

中順大夫鴻臚寺卿陳瑱 監生

中憲大夫太常寺少卿張齊憲 癸未進士

中憲大夫尚寶司掌司事太常寺少卿劉阜 生員

奉政大夫光祿寺少卿陳侃 丙戌進士

奉直大夫司經局洗馬楊維傑 丙戌進士

奉直大夫尚寶司少卿袁湘丙戌進士
翰林院編修文林郎秦鳴夏壬辰進士
文林郎禮科都給事中李充濁丙戌進士
文林郎兵科都給事中朱隆禧己丑進士
翰林院掌典籍事奉直大夫戶部浙江清吏司員外郎凌楫儒士

掌卷官

翰林院檢討從仕郎閻樸壬辰進士
翰林院檢討徵仕郎李本壬辰進士
翰林院檢討徵仕郎郭希顏壬辰進士
徵仕郎刑科右給事中李徵壬辰進士

徵仕郎工科左給事中薛廷寵 壬辰進士

巡綽官

驃騎將軍錦衣衛掌衛事都指揮使陳寅

昭毅將軍錦衣衛管衛事都指揮僉事袁章

昭毅將軍錦衣衛加指揮僉事張鏥

昭勇將軍錦衣衛署都指揮僉事李英

明威將軍錦衣衛署指揮使陸炳

懷遠將軍錦衣衛指揮同知鄭璽

明威將軍錦衣衛指揮僉事趙俊

明威將軍錦衣衛指揮僉事劉鯨

明威將軍錦衣衛指揮僉事高旭
明威將軍錦衣衛指揮僉事張爵
武德將軍錦衣衛署指揮僉事棊崇
明威將軍金吾前衛指揮僉事劉勳
昭勇將軍金吾後衛指揮使賈澄

印卷官

奉政大夫禮部儀制清吏司郎中陳箎 癸未進士
奉直大夫禮部儀制清吏司員外郎皇甫濤 壬辰進士
承德郎禮部儀制清吏司主事尹耕 壬辰進士
承德郎禮部儀制清吏司主事張鈇 己丑進士

供給官

奉政大夫光祿寺少卿彭贊 癸未進士

奉政大夫光祿寺少卿馮惠 己丑進士

承德郎光祿寺寺丞霍桂 丙戌進士

承德郎光祿寺寺丞邊侁 壬辰進士

奉政大夫禮部精膳清吏司郎中胡松 己丑進士

奉直大夫禮部祠祭清吏司員外郎江曜 官生

承德郎禮部精膳清吏司署員外郎事主事許勉仁 己丑進士

承德郎禮部精膳清吏司主事汪集 乙未進士

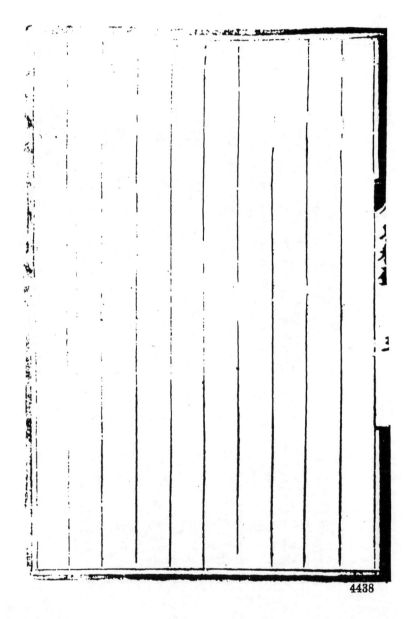

恩榮次第

嘉靖十七年

三月十五日早諸貢士赴

内府

殿試

上御

奉天殿

親賜策問

三月十九日早

文武百官朝服侍班是日錦衣衛設鹵簿于
丹陛丹墀内
上御
奉天殿鴻臚寺官傳
制唱名
禮部官捧
黄榜鼓樂導引出
長安左門外張掛畢順天府官用傘蓋儀從送狀
元歸第
三月二十日

賜宴於禮部宴畢赴鴻臚寺習儀
三月二十二日
賜狀元朝服冠帶及進士寶鈔
三月二十三日狀元率諸進士上
表謝
恩
三月二十四日狀元率諸進士詣
先師孔子廟行釋菜禮
禮部奏請
命工部於國子監立石題名

第一甲三名

賜進士及第

茅瓚

貫浙江杭州府錢塘縣匠籍　縣學增廣生

治易經字邦獻行一年三十九月初六日生

曾祖仕安　祖茂　父麟聽選官　母張氏　繼母茹氏

具慶下　弟琦　珂　娶方氏

浙江鄉試第二十二名　會試第二百四十四名

羅珵　貫江西吉安府泰和縣軍籍　國子生
治書經字邦珍行一年四十六十一月十五日生
曾祖鐸 舉人潮州府通判贈通議大夫兵部右侍郎　祖用俊 國子監助教累贈通議大夫兵部右侍郎　父欽德 按察司副使　母康氏 封宜人
具慶下　弟瑠　娶楊氏
江西鄉試第三十八名　會試第二百三十二名

袁煒　貫浙江寧波府慈谿縣民籍　縣學附學生
治詩經字懋中行三年三十一十月十八日生
曾祖完　祖瑺　父汝舟　母汪氏　繼母張氏
具慶下　兄炤　煥　弟灼　娶管氏
浙江鄉試第二名　會試第一名

第二甲九十五名

賜進士出身

張惟一

貫直隸保定府安肅縣民籍 國子生

治詩經字守中行二年三十六九月十五日生

曾祖萬 祖亨 父王 教諭 母李氏

具慶下 兄惟精 弟惟時 惟幾 惟允 惟翰 娶胡氏

順天府鄉試第一名 會試第六十八名

朱應雲 貫浙江嘉興府海鹽縣竈籍 國子生

治書經字從龍行三年四十六正月十八日生

曾祖全 祖玉壽官 父縉 母馮氏

永感下 兄雷 弟電 霽 霮 娶孫氏

順天府鄉試第六十名 會試第二百八十八名

吳源 貫浙江杭州府錢塘縣民籍 國子生

治禮記字宗乾行九年四十六八月二十三日生

曾祖志寧贈通議大夫都察院右副都御史 祖謙八品散官 父璿府同知進階朝列大夫 嫡母陳氏 生母林氏

永感下 兄[illegible] 泰 洵 深 弟[illegible] 娶[illegible]氏

浙江鄉試第三十一名 會試第一百五十名

莫如忠　貫直隷松江府華亭縣民籍　歳貢生
治書經字子良行一年三十四月初七日生
曾祖昂　祖昊通判　父愚貢士　母朱氏
具慶下　弟如信如德如舜如義　娶富氏　繼娶楊氏
順天府鄉試第二名　會試第二百三十八名

陸師道　貫直隷蘇州府吳縣民籍長洲縣人　府學生
治春秋字子傳行一年二十九九月初八日生
曾祖鏞　祖瑋　父平　母陳氏
慈侍下　弟安道　娶曹氏　繼娶吳氏
應天府鄉試第三十三名　會試第一百九十三名

倫以諒

貫廣東廣州府南海縣民籍　儒士

治春秋字彥群行八年三十七十二月二十二日生

曾祖敬　祖暘 封翰林院修撰　父文敘 右春坊右諭德兼翰林院修撰 贈朝議大夫南京[illegible]　母區氏 封太宜人

慈侍下　兄以[illegible] 吏部郎中 以訓 南京國子[illegible]　弟以諶 以謨 以諆 以詵 以[illegible] 以講 以[illegible] 以[illegible] 以[illegible]　娶[illegible]氏

廣東鄉試第二十名　會試第八十七名

方國佐

貫福建興化府莆田縣民籍　府學附學生

治書經字君英行二年四十一六月十三日生

曾祖景大　祖學文　父師孔　母鄭氏

慈侍下　弟國烈　國照　國休　國樵　娶黃氏

福建鄉試第二十四名　會試第二十四名

喬世寧　貫陝西西安府耀州軍籍　國子生

治書經字景叔行一年三十六十月十八日生

曾祖剛　祖志玉　父仲節　前母姚氏　母李氏　繼母白氏

嚴侍下　弟世定義官　娶米氏

陝西鄉試第一名　會試第二十名

馬拯　貫廣東廣州府南海縣軍籍　府學增廣生

治詩經字壯宇行三年二十八十二月二十九日生

曾祖超　祖文祥壽官　父良遇　母霍氏

重慶下　兄招　鈞　弟捷　聘陳氏

廣東鄉試第一名　會試第五十四名

吳春

貫江西廣信府貴溪縣民籍　國子生

治書經字以容行十九年二十七八月二十四日生

曾祖嘉謀 壽官　祖守緒 贈奉政大夫兵部郎中　父道南 兵部郎中　母舒氏 封宜人

具慶下　兄泰　奉 監生　奏 監生　弟綦　券 監生　娶夏氏

順天府鄉試第十名　會試第七十四名

吳崑

貫直隸蘇州府吳江縣匠籍　國子生

治書經字美之行四年三十七五月十一日生

曾祖昂 贈中大夫太僕寺卿　祖璋 封刑部主事贈中大夫太僕寺卿　父洪 南京刑部尚書致仕大夫兵部右侍郎贈太子太保　前母王氏 贈夫人　夏氏 贈夫人　母氏 封夫人

慈侍下　兄山 都察院右副都御史前副都御史　巖 布政司右參政　喬 光祿寺典簿　娶陳氏　繼娶王氏　洪氏

應天府鄉試第八十二名　會試第二百六十六名

姚璋

貫湖廣辰州府沅陵縣民籍　府學生

治易經字汝泚行三年三十十月二十八日生

曾祖宗顯知縣　祖讓　父時泰義官　前母何氏　嫡母李氏　生母董氏

慈侍下　兄瓊　瑛　瑞　弟瑋　瑺　娶蕭氏

湖廣鄉試第一名　會試第二百七十七名

沈奎

貫浙江嘉興府海鹽縣民籍　國子生

治書經字文明行一年三十九十二月二十七日生

曾祖榮　祖本　父軒　母陳氏　繼母吳氏　伍氏

嚴侍下　娶朱氏　繼娶吳氏

浙江鄉試第四十八名　會試第四名

楊濂

貫直隸保定府安州民籍　　州學生

治易經字伯清行二年三十五六月二十七日生

曾祖珪　　祖勉進士　　父漢卿訓導　　母莊氏

慈侍下　　兄瀾貢士　　娶張氏

順天府鄉試第一百二十四名　　會試第一百十三名

董子儀

貫直隸松江府上海縣民籍　　國子生

治書經字羽吉行一年三十七正月二十二日生

曾祖和　　祖經　　父龍　　母喬氏

嚴侍下　　弟子傚　　子佩　　娶黃氏

應天府鄉試第八十九名　　會試第一百二十名

王健

貫浙江温州府永嘉縣軍竈籍　國子生

治易經字偉純行十年三十七二月初三日生

曾祖文煥（贈通議大夫禮部左侍郎）　祖祚（封翰林院編修文林郎贈通議大夫禮部左侍郎）　父瓚（南京禮部左侍郎贈禮部尚書）　母應氏（封淑人）

永感下　兄僊（監生）　偶　僑（監生）　備　傅（監生）　儀　傲　侹（南京都察院都事）　俾　弟佐　娶戴氏

順天府鄉試第二名　會試第十一名

丁以忠

貫江西南昌府新建縣民籍　縣學生

治詩經字崇義行五年四十十月十九日生

曾祖用治　祖儀　父大章　母程氏

永感下　兄以誠　娶余氏

江西鄉試第六十八名　會試第二十九名

王問　貫直隸常州府無錫縣民籍　國子生

治書經字子裕行二年四十二十一月二十四日生

曾祖經　祖宗壽官　父澤封戶部主事　母錢氏封安人

具慶下　兄召州同知前戶部員外郎　弟咨　娶李氏　繼娶袁氏

應天府鄉試第二十八名　會試第七十六名

郭乾　貫直隸河間府任丘縣民籍　國子生

治書經字易甫行四年二十八五月二十九日生

曾祖欽縣主簿　祖源　父勝　前母郝氏　母張氏

慈侍下　兄節　娶劉氏

順天府鄉試第九十五名　會試第三百一名

朱用

貫河南河南衛軍籍　國子生

治詩經字伯際行一年四十二九月二十六日生

曾祖旺　祖通　父永　母李氏

具慶下　弟周　娶沈氏

河南鄉試第十一名　會試第二百六十五名

唐穆

貫廣東瓊州府瓊山縣民籍　國子生

治禮記字景文行一年四十一正月初二日生

曾祖乾昇贈通議大夫戶部左侍郎　祖正贈通議大夫戶部左侍郎　父冑戶部左侍郎　母鍾氏封淑人

具慶下　弟秩　稼　娶李氏　繼娶高氏

廣東鄉試第四名　會試第六十名

劉廷臣　貫山西平陽府洪洞縣軍籍　縣學生

治易經字伯鄰行二年三十四月十四日生

曾祖賢　祖恭義官封兵馬司副指揮　父榮府通判　嫡母吉氏封孺人　生母林氏

慈侍下　兄廷相貢士　弟廷弼　廷聘　娶段氏

山西鄉試第一名　會試第一百九十六名

燕楫　貫直隸真定府真定縣民籍　府學生

治禮記字廷濟行三年二十七正月十八日生

曾祖恕所吏目　祖雲贈監察御史　父澄府同知前監察御史　母李氏封孺人

永感下　兄櫓監生　桂吉部警　娶張氏

順天府鄉試第二十四名　會試第三百十四名

陳憲

貫浙江嘉興府嘉興縣民籍　國子生

治書經字道夫行一年三十三十二月二十六日生

曾祖堅　祖昭　父情　母李氏

慈侍下　弟衆　宏　宙　娶劉氏　繼娶金氏

浙江鄉試第十名　會試第一百二十四名

陳昌積

貫江西吉安府泰和縣軍籍　國子生

治書經字子發行四年三十八六月二十六日生

曾祖正大　祖必訓　父主德　母羅氏

永感下　兄德鳴按察司僉事　德文貢士　昌默　昌鈞　弟昌福知縣　娶羅氏　繼娶朱氏

江西鄉試第一名　會試第二百九十五名

謝淮

貫直隸河間府任丘縣民籍高陽縣人國子生

治詩經字禹匯行二年三十八十月十二日生

曾祖聚　祖鎮　父儆　母王氏

慈侍下　兄溱　弟江　湑　娶卞氏繼娶卞氏

順天府鄉試第十六名　會試第一百六十一名

侯汝諒

貫山西大原左衛官籍直隸滑縣府學增廣生

治易經字叔貞行三年二十四六月初九日生

曾祖守賢武畧將軍副千戶　祖盛武畧將軍副千戶　父綸苑馬寺卿　前母余氏贈安人　母王氏封安人

嚴侍下　兄汝忠副千戶　汝謙　汝訥　汝端　汝惠　弟汝慎　汝諶　汝靖　娶閻氏

山西鄉試第十九名　會試第十六名

翁大立 貫浙江紹興府餘姚縣民籍 國子生
治易經字孺參行一年二十三三月二十八日生
曾祖珉 祖銓 父祚 母楊氏
重慶下 兄慈 弟大裔 大章 大意 娶蔣氏
浙江鄉試第六十五名 會試第七十八名

汪俅 貫江西廣信府貴溪縣軍籍 國子生
治禮記字克敬行一百二十九年三十四九月二十二日生
曾祖景深 祖廷俊 父晅 前母徐氏 母朱氏 繼母丘氏
永感下 兄倬同知府 俸知縣 僅 化教諭 似 仟 何 弟儲 娶葉氏
江西鄉試第九十四名 會試第一百四十九名

林懋植 貫福建興化府莆田縣民籍 縣學附學生

治書經字君本行一年二十十月十九日生

曾祖輯稅課局大使 祖鐸義官 父渙 母方氏 繼母陳氏

具慶下 兄應標按察司副使 雲按察司僉事 應采百士 應桂應林 應樞應柏 應蓁應榛 弟應疇應槐 應嘗應植 應壽應不 娶張氏

福建鄉試第三名 會試第五十三名

萬敏 貫江西南昌府南昌縣軍籍 國子生

治書經字欽夫行五年三十七十一月十九日生

曾祖孔昭 祖孟智 父晨興 母廖氏 繼母鄧氏

具慶下 兄敬 弟教 效 娶龔氏

江西鄉試第二名 會試第一百十五名

楊金

貫直隸太平府當塗縣軍籍 國子生

治詩經字重南行二年三十五三月二十三日生

曾祖禮三 祖通贈奉直大夫南京戶部員外郎 父諫南京戶部員外郎 母張氏封宜人

具慶下 兄鑾 娶徐氏

應天府鄉試第四十名 會試第一百二十一名

盧璧

貫南京羽林右衛官籍直隸盱眙縣人 國子生

治詩經字國賢行二年三十九正月初九日生

曾祖文指揮使 祖珎指揮使 父晟指揮使 母郭氏

永感下 兄璽百戶 弟瑩 潤 娶徐氏 繼娶蔣氏

應天府鄉試第八十四名 會試第二十六名

沈啓

貫直隸蘇州府吳縣民籍吳江縣人 國子生

治易經字子由行四年四十一八月二十一日生

曾祖端 祖本七品散官 父經醫學訓科 前母方氏 母吳氏

永感下 兄嶅州吏目 岳州吏目 山 弟峀 岱監生 娶郭氏

應天府鄉試第四十名 會試第三百名

洪世文

貫福建福州府閩縣民籍 國子生

治禮記字國華行五年二十九十二月十一日生

曾祖英資善大夫掌都察院右都御史 祖瑜恩生 父晅知縣 嫡母鄭氏 生母黃氏

慈侍下 弟世遷 娶鄧氏

福建鄉試第五十名 會試第十名

侯一元　貫浙江溫州府樂清縣民籍　縣學生

治詩經字舜舉行三年二十九月初六日生

曾祖仁　祖敬（州判官封禮部主事）父廷訓（府同知前南京吏部主事）母陳氏（封安人）　繼母林氏

具慶下　兄元夔（監生）　守隅　陽　中　弟　恭　守衡　麟　守綏　鳳　娶姜氏

浙江鄉試第二十一名　會試第一百十八名

畢竟容　貫江西廣信府貴溪縣軍籍　國子生

治禮記字仁叔行五十七年三十四六月二十七日生

曾祖璡　祖經　父寅卿　母花氏　繼母鄭氏

具慶下　弟竟可　娶李氏　繼娶呂氏

江西鄉試第十七名　會試第八十名

白若圭 貫直隸常州府武進縣官籍 國子生

治禮記字德純行二年二十七七月初四日生

曾祖昂光祿大夫柱國太子太傅刑部尚書贈特進光祿大夫太保諡康敏 祖塽錦衣衛鎮撫 父詔鴻臚寺序班 嫡母張氏 繼母陳氏 胡氏 蔣氏 母吳氏

具慶下 兄信 弟倜 耆 思監生 倬監生 啓 登 儒監生 侃 泰監生 儔 啓 常 登 京 啓 嘉 若璧 若袁 娶胡氏

順天府鄉試第二十名 會試第九十一名

吳元璧 貫江西饒州府安仁縣軍籍 國子生

治書經字君錫行十年四十五月二十八日生

曾祖克己 祖璵義官 父上達 母徐氏 繼母李氏

具慶下 兄元誠 元翰 弟元功 娶艾氏 繼娶李氏

順天府鄉試第二十三名 會試第八名

聞人詮　貫浙江紹興府餘姚縣民籍　府學生
治禮記字元科行一年二十七九月初八日生
曾祖籌　祖言縣主簿　父莊　母徐氏　繼母鄭氏
重慶下　弟詮容詮業詮教詮隆詮佐詮政詮敷詮應娶于氏
浙江鄉試第十名　會試第三十七名

俞憲　貫直隷常州府無錫縣民籍　國子生
治書經字汝成行一年三十一三月初八日生
曾祖公元　祖廷俊　父暉　母楊氏
慈侍下　兄岳　弟寰　寅　官　案　實　寔　宣　娶張氏
應天府鄉試第六十三名　會試第一百九十五名

張鎬 貫直隸保定府定興縣民籍陝西涇陽縣人 國子生

治春秋字啓周行三年三十八六月二十日生

曾祖見 祖材 父景芳壽官 母李氏

具慶下 兄錦 銓冠帶將軍 弟鏸 娶趙氏 繼娶徐氏

順天府鄉試第五名 會試第一百四十七名

周鯤 貫福建興化府莆田縣軍籍 國子生

治詩經字少魚行二年三十二四月十八日生

曾祖韡訓導 祖俅訓導贈監察御史 父宣布政使司左布政使 母陳氏封孺人

慈侍下 兄鰲 娶柯氏

福建鄉試第七十三名 會試第二百十一名

王輪　　國子生

貫山西平陽府蒲州軍籍

治書經字子庸行一年三十二二月初五日生

曾祖建　祖寅　父珪　母張氏　繼母祁氏　李氏　高氏

慈侍下　弟軫　聘楊氏　娶何氏

山西鄉試第十八名　會試第三十三名

黃懋官　貫福建興化府莆田縣民籍　府學附學生

治詩經字君辨行六年二十三十月初二日生

曾祖仲昭按察司提學僉事贈朝列大夫前翰林院修撰　祖乾剛贈承德郎南京戶部署員外郎　父希濩知縣　母鄭氏

重慶下　兄懋賞　懋道　懋允光祿寺署丞　尚賓　懋謙　懋進　懋孝　懋忠　懋　娶　氏

福建鄉試第五十三名　會試第二百八十五名

葉選　貫浙江紹興府餘姚縣民籍　國子生
治易經字仁夫行三年三十六六月十五日生
曾祖誂　祖世榮　父景賢　母史氏　繼母嚴氏
具慶下　兄迪　弟遜　建　述　迅　達　週　聘徐氏　娶羅氏
浙江鄉試第二十名　會試第二百四十一名

張朝聘　貫陝西西安府長安縣民籍　國子生
治詩經字伯時行一年二十九六月初七日生
曾祖鼎　祖英　父鏈　母王氏
永感下　娶王氏　繼娶施氏
陝西鄉試第三十七名　會試第二百五十六名

李憲卿 貫直隸蘇州府崑山縣民籍 縣學附學生
治易經字廉夫行一年三十三十一月十二日生
曾祖樾 祖聰 父玉 母杜氏
慈侍下 娶顧氏
應天府鄉試第十一名 會試第一百五十六名

李廷春 貫江西饒州府餘干縣民籍 縣學增廣生
治詩經字懋仁行一年二十六三月初一日生
曾祖牘 祖經 父憲 母張氏
具慶下 弟廷相 廷對 廷試 廷育 廷時 聘劉氏
江西鄉試第二十一名 會試第三十一名

嚴中

貫浙江紹興府餘姚縣匠籍　縣學附學生

治易經字執甫行一年二十八四月二十八日生

曾祖昊　祖琛　父昂　母鄒氏

具慶下　弟和　娶陳氏

浙江鄉試第六十七名　會試第二百三十一名

孫璧

貫山西平陽府蒲州軍籍　國子生

治詩經字文甫行十一年四十八月十三日生

曾祖極　祖鎮義官　父鵬儀賓　母永川郡君

具慶下　兄璐　瓚　琦　玹　環　弟瑁　寶儀賓　瑜　瑚儀賓　璉儀賓　玠儀賓　娶王氏

山西鄉試第十名　會試第一百五十三名

陳鎏　貫直隸蘇州府吳縣匠籍　縣學附學生

治易經字子兼行一年三十三月二十三日生

曾祖寧王府教授　祖懷　父冕　前母沈氏　母莫氏

具慶下　娶曹氏　繼娶韓氏

應天府鄉試第十一名　會試第四十二名

譚維　貫四川潼川州蓬溪縣民籍　國子生

治易經字元立行九年四十七五月二十五日生

曾祖必成　祖宣知縣　父宗簡封監察御史　母陳氏封孺人

慈侍下　兄珪　璥　价　冠府同知　粲　魁運使　績太倉衛經歷　絟副使　純義官　紳官　弟繼監生　娶張氏

四川鄉試第三十七名　會試第一百七十一名

王楠

貫直隸興州後屯衛官籍浙江會稽縣人三河縣學生

治詩經字惟喬行四年四十六九月二十日生

曾祖忠指揮僉事贈錦衣衛都指揮同知　祖鑑指揮僉事贈錦衣衛都指揮同知　父奎錦衣衛都指揮同知充漕運參將　母邢氏封夫人

永感下　兄桐　弟楊兵部員外郎　棟　椆　栩　槐　娶袁氏

順天府鄉試第四十三名　會試第一百六名

劉志

貫山西平陽府翼城縣民籍　國子生

治易經字寧卿行三年三十六正月初九日生

曾祖復嚴　祖贇恩例冠帶　父珊訓導　母曹氏

具慶下　兄愈　弟懋　聰　娶李氏

山西鄉試第七名　會試第三百十三名

徐緯 貫浙江紹興府山陰縣軍籍 國子生
治詩經字文成行四年三十九十二月十四日生
曾祖瑾 祖鋼 父惟 母沈氏
具慶下 兄緋 紱 綺 弟綬 顒 縯 綰 滲 娶周氏
浙江鄉試第二十三名 會試第二百九十六名

鄭廷鵠 貫廣東海南衛軍籍浙江德清縣人 國子生
治易經字元侍行一年三十二八月二十四日生
曾祖譖 祖順宗 父文 母俞氏
具慶下 娶海氏
廣東鄉試第十九名 會試第三十二名

章煥

貫直隸蘇州府長洲縣民籍吳縣人 國子生
治易經字懋實行二年三十四七月十一日生
曾祖思恭 祖澄 父棟 母唐氏 繼母曾氏
具慶下 兄炤 弟燦 熵 燁 焯 娶沈氏
應天府鄉試第一百二十二名 會試第三百十七名

蔣懷德

貫浙江紹興府山陰縣民籍 府學生
治詩經字維寧行十四年三十九九月二十日生
曾祖玉 祖孝 父貫 母潘氏
嚴侍下 兄懷正懷義懷遠 弟懷禮懷貞 娶嚴氏 繼娶黃氏 趙氏
浙江鄉試第六十八名 會試第七名

卿文瑞 貫湖廣荊州府公安縣匠籍 國子生

治書經字孺賢行一年四十二月初七日生

曾祖綸 祖璽壽官 父誠 母張氏

具慶下 弟文元 娶祝氏 繼娶田氏

湖廣鄉試第四十二名 會試第二百四名

俞維屏 貫福建興化府莆田縣軍籍 縣學附學生

治書經字樹德行一年二十五六月初三日生

曾祖釗教諭贈南京兵部主事 祖應星 父直宗 母周氏

具慶下 兄維翰 娶林氏

福建鄉試第九十名 會試第三百十九名

彭希賢 貫福建興化府莆田縣軍籍 國子生
治詩經字及夫行二年三十七十二月初三日生
曾祖體資 祖釗 父良璞 母陳氏
具慶下 兄希望 弟希武希英希參希顏希賓希渠希濂 娶許氏
福建鄉試第五十六名 會試第一百十四名

陳敘 貫福建興化府莆田縣民籍 國子生
治書經字邦禮行十六年四十四九月十二日生
曾祖孟嚴 祖珩訓導 父文濱 母宋氏
具慶下 弟雲衢進士 雲程 雲階 收 娶俞氏
福建鄉試第六十八名 會試第二百六十名

周南

貫湖廣長沙府儀衛司校籍　國子生

治詩經字文化行一年四十二五月二十四日生

曾祖仕原　祖福浩　父昱　母潘氏

永慼下　娶張氏

湖廣鄉試第二十一名　會試第二百四十名

張敦仁

貫浙江處州府麗水縣民籍　國子生

治詩經字仲安行二年三十九八月初十日生

曾祖文炳　祖寧訓導　父欽教諭　母葉氏

具慶下　兄敦厚　弟敦化　敦復貢士　娶潘氏

浙江鄉試第二十一名　會試第一百十二名

馮煥

貫直隸淮安府山陽縣民籍 國子生

治詩經字養晦行三年三十七七月十九日生

曾祖鑑 祖昇 父桂 母葉氏

慈侍下 兄燦 勳 弟炳 羔 娶劉氏

應天府鄉試第六十五名 會試第一百七十六名

南逢吉

貫陝西西安府華州渭南縣軍籍國子生

治易經字元貞行二年四十五七月二十八日生

曾祖言 祖珪 父金敎諭沿贈奉政大夫戶部郎中 母焦氏加封太宜人

永感下 兄大吉知府 娶李氏

陝西鄉試第三名 會試第三十二名

呂顒

貫陝西慶陽府寧州民籍　國子生

治書經字幼誠行二年三十六四月二十六日生

曾祖英州判官　祖昇贈徵仕郎禮科給事中　父經前都察院右副都御史　母高氏封孺人

嚴侍下　兄顓知府　弟頎　碩　預　娶周氏

陝西鄉試第七名　會試第八十九名

辛烜然

貫山西太原府石州軍籍　州學生

治易經字養晦行二年二十九十二月初十日生

曾祖憲　祖文淵知府　父柱府通判　母張氏贈孺人　繼母郝氏封孺人

具慶下　兄煜然　弟熺然　燏然　娶温氏

山西鄉試第四十六名　會試第一百三十名

徐楚

貫浙江嚴州府淳安縣民籍 國子生

治春秋字世望行一年三十七七月初一日生

曾祖恒 祖源 父讓 母王氏

慈侍下 弟懋 楙 娶盧氏繼娶洪氏

浙江鄉試第八十四名 會試第十七名

蔣坎

貫浙江紹興府餘姚縣軍籍 縣學附學生

治易經字養学行十一年三十二十一月二十七日生

曾祖寧 祖漗 父栻 母劉氏

具慶下 兄坤 臨 達 善 鼎 渙 泰 師 娶黄氏

浙江鄉試第八十二名 會試第一百四十七名

趙同言 貫山東濟南府長清縣軍籍 國子生
治詩經字德孚行二年二十二三月十九日生
曾祖宣 祖明巡檢 父謙之監生 母張氏
具慶下 兄同仁 弟同象 同賢 同才 同禮 娶李氏
山東鄉試第六名 會試第一百六十三名

姚汝舟 貫浙江嘉興府崇德縣竈籍 縣學生
治詩經字濟卿行二年三十一八月初六日生
曾祖斌 祖孟雄 父澈 母錢氏
慈侍下 兄汝敬 汝森 弟汝礪 汝言 汝訓 汝行 娶陳氏
浙江鄉試第八十一名 會試第一百五十一名

盛若林　貫廣東潮州府海陽縣軍籍　府學生

治詩經字子才行一年三十十一月二十六日生

曾祖鳳儀教諭俱贈奉政大夫左春坊左庶子兼翰林院侍讀　祖端明都察院右副都御史　父瀚歲貢監生　母陸氏

重慶下　弟若樹貢士　若植　若森　若蕖　若枚　娶翁氏

廣東鄉試第二十二名　會試第二百九十二名

翁相　貫浙江杭州府錢塘縣軍籍杭州右衛人　國子生

治書經字長卿行三年四十六月二十三日生

曾祖祥　祖茂壽官　父浩　母周氏

具慶下　兄橙　椿　弟梗　楠　娶孫氏

順天府鄉試第四十六名　會試第六十五名

唐臣

貫大興左衛官籍直隸天長縣人　國子生
治易經字止敬行一年三十一四月初九日生
曾祖鈺　祖傑　父祥　前母魏氏　母張氏
具慶下　娶任氏
順天府鄉試第九十七名　會試第二百五十八名

李繼先

貫四川瀘州民籍　州學生
治書經字伯孝行一年三十三二月二十三日生
曾祖勛贈推官　祖復初知州　父宋　母何氏
慈侍下　兄繼登　繼昇　繼昌　弟繼賢　繼學　娶吳氏
四川鄉試第十六名　會試第一百七十五名

陳穆

貫浙江寧波府鄞縣匠籍 縣學增廣生

治易經字舜賓行六年三十一十一月十五日生

曾祖尚文 祖悌 父璘壽官 母鍾氏

嚴侍下 兄稷 秩 和 娶徐氏

浙江鄉試第一名 會試第二百九名

王時儉

貫福建泉州府晉江縣民籍 國子生

治易經字本節行四年四十二七月二十一日生

曾祖宗道 祖繼 父縉 前母黃氏 母蘇氏

永感下 兄時揚時濕時適時良時恭 弟時瞻時讓時達時顯 娶張氏

福建鄉試第五十六名 會試第七十二名

陳紹儒 貫廣東廣州府南海縣民籍 國子生

治易經字師孔行一年三十三正月二十一日生

曾祖思賢 祖珙訓導贈戶部主事 父鏊八品散官 母湯氏

具慶下兄紹詩紹禮紹淵紹濩紹洙紹尚紹志紹文貢士紹紀紹熙弟紹義紹河紹準紹旂紹獻紹言紹賡娶關氏

廣東鄉試第五十七名 會試第十八名

張渙 貫直隸真定府定州民籍 國子生

治詩經字文甫行一年三十一九月初九日生

曾祖綸知府 祖璿義官 父鏞 母王氏 繼母周氏

重慶下 弟洙 泗 潢 湘 娶畢氏 繼娶羅氏

順天府鄉試第八十二名 會試第二百二十三名

盧夢陽 貫廣東廣州府南海縣軍籍 府學附學生
治詩經字少明行一年二十一十一月初七日生
曾祖成 祖滿壽官 父世儒 母霍氏
重慶下 兄武安 武賓 聘游氏
廣東鄉試第六名 會試第一百四十一名

錢芹 貫浙江嘉興府海鹽縣軍籍 國子生
治書經字懋文行二年三十八三月二十八日生
曾祖寔 祖達贈刑部郎中 父琦知府 母王氏封宜人
具慶下 兄顒 岳 顯 岑 著 蘭 參監生 蕙 弟徵禮科都給事中 萱進士 葵監生 菲 娶閔氏
浙江鄉試第四十三名 會試第二百七十三名

郭紘 貫山西太原府平定州民籍 國子生

治書經字伯瞻行十四年四十三七月二十四日生

曾祖恂 祖晉州判 父思敬知縣 母呂氏 繼母李氏

慈侍下 兄經 綸縣丞 綱知縣 紀 綬 紹 弟縉 繼 綖 娶呂氏

山西鄉試第四十四名 會試第一百三十八名

李寵 貫陝西西安府涇陽縣軍籍 國子生

治易經字汝承行四年四十一三月十六日生

曾祖端 祖英 父禎 母孟氏

嚴侍下 兄寀 宸 宵 弟賓 娶蕭氏

陝西鄉試第一名 會試第二百七十一名

戴楩　貫河南河南府沔池縣軍籍　國子生
治易經字汝材行一年四十十二月十六日生
曾祖琰知縣　祖鑾七品散官　父銓　母畢氏
永感下　娶謝氏
河南鄉試第六十三名　會試第一百六十七名

黃九皋　貫浙江紹興府蕭山縣民籍　國子生
治書經字汝鳴行十一年三十二閏正月初九日生
曾祖瑾　祖淵　父懌府通判　母丁氏
具慶下　兄九韶　弟九川　九苞　九山　娶周氏
浙江鄉試第六十四名　會試第二百五十七名

孫銓

貫浙江湖州府歸安縣民籍　府學生

治書經字文撰行五年二十六正月十二日生

曾祖元瑞　祖實封刑部主事　父萃　母胡氏

具慶下　兄錡鍔鐸　弟鉞釗鎬錫鏉銓鍇鏌　娶周氏

浙江鄉試第七名　會試第一百七十九名

張祉

貫河南汝寧府光州固始縣民籍　國子生

治書經字斗受行三年三十三十一月十三日生

曾祖得山　祖英　父政　母許氏

慈侍下　兄福　祿　娶田氏

河南鄉試第四十二名　會試第二百名

李崇 貫湖廣長沙府長沙縣民籍 縣學增廣生
治易經字叔恩行二年二十五六月二十九日生
曾祖端 祖源聰 父仲昇 母許氏繼母陶氏
慈侍下 兄相 娶彭氏
湖廣鄉試第十二名 會試第五十一名

王嘉謨 貫山東青州府安丘縣軍籍 縣學生
治書經字仲陳行四年二十七三月初五日生
曾祖晉 祖玘 父孜 母張氏
具慶下 兄存仁 存義 嘉言 娶傅氏
山東鄉試第三名 會試第一百二十八名

沈友儒 貫浙江杭州府海寧縣民籍 縣學生

治書經字子真行三年二十二十一月十二日生

曾祖甫 祖泉壽官 父涇 母徐氏

重慶下 兄友仁友倫友僑 弟友佳友信友儀友偲 娶董氏

浙江鄉試第三名 會試第一百七十一名

李時春 貫河南汝寧府光州軍籍 國子生

治春秋字一元行一年三十閏九月十八日生

曾祖魁 祖智 父文章 母李氏

具慶下 兄時曉 弟時先時陽 時新 時亨 娶劉氏

河南鄉試第四名 會試第二十五名

周建邦　貫四川保寧府巴州民籍　國子生
治易經字維新行五年三十四五月二十七日生
曾祖亮衛知事　祖鳳儀壽官　父謨歲貢生　母李氏
具慶下　弟建子　娶王氏
四川鄉試第二名　會試第六十三名
張濂　貫浙江杭州府仁和縣民籍　國子生
治易經字子清行七年二十七四月初十日生
曾祖[illegible]知[illegible]義官　祖綬壽官　父應禎聽選官　母吳氏
嚴[illegible]　兄洪江潮淇源瀚舉人　弟游漳淯貢士滄濬濼渠淞灣湍潚澂洋　娶沈氏
浙江鄉試第一名　會試第一百四十九名

第三甲二百二十二名

賜同進士出身

劉洵 貫江西饒州府鄱陽縣軍籍 國子生

治禮記字膺甫行六年三十閏九月十三日生

曾祖以八 布政使司左參政贈大中大夫資治少尹 祖城 都察院右副都御史贈資政大夫 父錄 工部錄事 母趙氏 贈安人

嚴侍下 弟泌 法 沾 治 泳 沖 沚 浚 娶戴氏

順天府鄉試第五名 會試第二名

張元冲　貫浙江紹興府山陰縣民籍　國子生

治詩經字叔謙行三十三年三十七七月十三日生

曾祖蘊輝 封兵科給事中　祖以弘 布政使司左參議　父景琦 知府　母唐氏 封宜人

慈侍下　兄元楚　元本　元溥 兵馬司副指揮　元傑　元亮　弟元敘　元萬　元重　娶胡氏

浙江鄉試第八十六名　會試第二百八十九名

裴紳　貫山西平陽府蒲州軍籍　國子生

治書經字子書行五年二十六六月初六日生

曾祖贊　祖英 壽官　父鼐　母張氏

具慶下　弟綬　純　娶陳氏

山西鄉試第三十五名　會試第一百五十九名

江鯤

貫江西饒州府餘干縣民籍　縣學生

治書經字子鵬行二十八年三十四七月二十一日生

曾祖廷傑　祖澧　父朝宗　母余氏

慈侍下　兄鯨　鱗　弟鰉　鰽　娶舒氏

江西鄉試第二名　會試第二百七十八名

陳光括

貫浙江台州府臨海縣軍籍　歲貢生

治禮記字子愚行五年三十一五月二十二日生

曾祖華　祖璘　父經　母王氏

重慶下　兄光啓　弟光祐光治光韶光台光祖光周　娶余氏

順天府鄉試第十三名　會試第一百三十四名

齊譽　貫江西南昌府南昌縣民籍　府學增廣生
治詩經字文實行二年二十八十月初九日生
曾祖若山　祖正益　父世懋　母龔氏
具慶下　兄警　弟燮　言　娶萬氏
江西鄉試第八十一名　會試第三十六名

張景賢　貫四川眉州民籍　州學生
治詩經字勉之行一年二十六十月二十四日生
曾祖溥中贈刑部主事　祖愈嚴知府　父弘用貢士　母李氏
慈侍下　弟象賢　娶劉氏　繼娶郭氏
四川鄉試第六十四名　會試第二百七十九名

李綸

貫萬全都司懷安衛官籍直隸順縣人 國子生

治詩經字德言行一年二十七九月十五日生

曾祖洪 所鎮撫 祖獻 所鎮撫 父琏 前母陳氏 母韓氏

具慶下 弟紳 緝 繹 娶張氏

順天府鄉試第六十四名 會試第一百二十五名

潘鉽

貫直隸徽州府婺源縣民籍 國子生

治書經字希行行四年三十四九月三十日生

曾祖思文 贈通議大夫兵部右侍郎 祖積 父琪 母戴氏 繼母胡氏

永感下 兄鈺 貢士 鑾 鏜 弟錦 娶戴氏 繼娶胡氏

應天府鄉試第五十名 會試第一百六十六名

陳准

貫福建福州府閩縣民籍　山東濮州學正

治春秋字東之行五年三十七八月十八日生

曾祖曄舉人署教諭事　祖祥驛丞　父鏁　母林氏　繼母葉氏

具慶下　弟灌　娶吳氏

福建鄉試第三十四名　會試第九十五名

厲汝進

貫直隸永平府灤州民籍　州學增廣生

治易經字子脩行三年三十十一月初四日生

曾祖翺　祖友諒　父鑑　母楊氏　繼母王氏

具慶下　兄章　汝成　娶薛氏

順天府鄉試第九名　會試第三十八名

劉廷語

貫浙江寧波府慈谿縣民籍　府學附學生

治詩經字汝欽行二年二十九月二十二日生

曾祖塏　祖錬（贈禮部郎中）　父洪　前母胡氏　母樊氏

慈侍下　兄廷誠　廷訓　廷詔　廷言　廷儀　弟廷治　廷讓　娶[illegible]氏

浙江鄉試第六十五名　會試第二十七名

任良

貫四川順慶府南充縣軍籍　縣學生

治詩經字康孟行一年三十五十一月初九日生

曾祖弘八（布政使司左布政使）　祖傚　父纘（知縣）　母羅氏

具慶下　弟直　台　文　娶程氏　繼娶馬氏

四川鄉試第二十五名　會試第一百七十八名

張松

貫河南河南府洛陽縣匠籍　府學生

治易經字汝喬行一年二十五八月初二日生

曾祖成　祖傑　父臣　母章氏

重慶下　弟梅　椿　榆　楨　娶蔡氏

河南鄉試第五十六名　會試第二百九十七名

李棟

貫湖廣辰州府盧溪縣軍籍　國子生

治詩經字隆仲行一年三十六十一月初九日生

曾祖茂　祖時勉壽官　父廷鶴　母楊氏

重慶下　兄樂南京戶部主事　弟柱　梧　栢　樌　樞　娶張氏

湖廣鄉試第十名　會試第一百四十三名

馮炫

貫廣東廣州府南海縣民籍　國子生

治詩經字體謙行四年三十六五月十八日生

曾祖進　祖治舉人署訓導事　父樸壽官　母徐氏

永感下　兄焯　炳　弟黙　然　煦　娶李氏

廣東鄉試第五十四名　會試第一百六十八名

朱執中

貫浙江杭州府海寧縣民籍　國子生

治易經字汝一行二年三十二七月二十九日生

曾祖愷　祖坤　父鸞　母顧氏

重慶下　兄允中　弟時中　秉中　致中　懋中　思中　用中　聘中　娶許氏

浙江鄉試第七十一名　會試第一百八十二名

王士翹

貫江西吉安府永新縣民籍安福縣人 縣學增廣生

治春秋字民瞻行一年三十八四月十三日生

曾祖猷允 祖槐兆 父寬 母劉氏 繼母朱氏

嚴侍下 兄士敏官生 士俊知府 弟士翔 娶劉氏 繼娶劉氏

江西鄉試第三十五名 會試第二百八十七名

顏嘉會

貫湖廣長沙府攸縣民籍 國子生

治易經字子亨行二年二十五正月二十一日生

曾祖輿知縣 祖選衛經歷 父守忠知縣 母鍾氏

重慶下 兄嘉賓監生 弟嘉善 嘉慶 嘉兆 娶沈氏

湖廣鄉試第五十一名 會試第一百五十二名

施諲 貫浙江寧波府鄞縣民籍 國子生

治易經字敬叔行四年三十六九月初二日生

曾祖鸞 祖奎 父彪 母劉氏

具慶下 兄讚 訓 弟諒 諫 娶宋氏

應天府鄉試第四十四名 會試第二百五十名

鮑龍 貫山西潞安府長治縣民籍 國子生

治詩經字時化行五年四十四月二十八日生

曾祖鐸 祖智典史 父才 前母王氏 母王氏

永感下 兄明 藩典膳 弁 恭 娶秦氏

山西鄉試第三十名 會試第三百二名

魏尚綸

貫河南鈞州儀衛司官籍山東滕縣人 國子生

治書經字仲一行二年三十五八月十四日生

曾祖通 祖興 父宗儀衛司典仗 母張氏

具慶下 兄尚經 弟尚純戶部員外郎 尚絅 娶周氏 繼娶康氏

河南鄉試第二名 會試第九十六名

汪伊

貫直隸徽州府歙縣匠籍 府學生

治詩經字汝衡行二年三十九二月初三日生

曾祖永初 祖從禮 父廷器 母方氏

慈侍下 兄佐貢士 娶羅氏 繼娶胡氏

應天府鄉試第三十九名 會試第二百五十九名

薛尚義　貫直隸河間府河間縣民籍　府學生
治詩經字仲行行二年三十三月二十一日生
曾祖景春　祖勝　父隆　母輩氏
具慶下　兄尚仁　弟尚禮　尚智　娶張氏
順天府鄉試第三十三名　會試第六十六名

林萬潮　貫福建興化府莆田縣軍籍　國子生
治書經字養晦行二年二十九正月二十四日生
[illegible]
具慶下　兄萬仞官　弟萬載　萬峰　萬殊　萬言　娶鄭氏
福建鄉試第二十八名　會試第二百十五名

陳宗夔 貫湖廣武昌府通山縣軍籍 國子生

治易經字惟一行一年三十二三月初二日生

曾祖原甫壽官 祖琉監生 父興賢訓導 母吳氏

重慶下 弟宗蕃 娶宋氏

湖廣鄉試第四十六名 會試第二百九十名

步允遷 貫順天府薊州軍籍山東高苑縣人州學生

治禮記字子安行一年二十四八月初五日生

曾祖瀛 祖雄 父天衢貢士 母李氏

具慶下 娶孟氏

順天府鄉試第九十八名 會試第二百六十二名

楊以誠 貫江西袁州府宜春縣民籍 國子生

治易經字明夫行三年二十九四月十五日生

曾祖東輝 祖柄機 父春美 母張氏

重慶下 弟以清以正以貢以謙以讓以諫以諒以治以齊以平 娶張氏

江西鄉試第四十六名 會試第八十三名

敖宗慶 貫貴州思南府水德江長官司民籍江西新喻縣人 國子生

治詩經字汝承行一年三十二月二十五日生

曾祖勗勤 祖利貞 父元祐 前母簡氏 母董氏

慈侍下 弟國慶 家慶 娶田氏 繼娶羅氏

雲貴鄉試第五十名 會試第九十四名

卜大同　貫浙江嘉興府秀水縣匠籍　國子生

治書經字吉夫行一年三十六月二十日生

曾祖顒　祖周義官　父宗洛監生　前母周氏　母賀氏

具慶下　弟大有　大觀　大順　娶周氏

順天府鄉試第七十名　會試第一百二名

賈大亨　貫浙江紹興府上虞縣軍籍　國子生

治詩經字貞甫行三年四十九月十二日生

曾祖章國子監典簿　祖暹教諭　父幼安　母陳氏

具慶下　兄大川　弟大節　娶羅氏

浙江鄉試第五十八名　會試第二百十六名

張汝棟 貫陝西西安府涇陽縣軍籍 國子生
治易經字伯隆行一年二十九七月十三日生
曾祖信 祖鵬 父璲 母王氏
具慶下 弟汝梁 汝柵盡 汝材 娶陳氏
陝西鄉試第六十四名 會試第三十名

周怡 貫直隸寧國府太平縣民籍 國子生
治詩經字順之行十六年三十四十二月十七日生
曾祖德夫 祖全 父本秀 母劉氏
慈侍下 弟朴 恪 娶黃氏 繼娶程氏
應天府鄉試第九十三名 會試第一百三十三名

趙正學

貫四川嘉定州犍為縣民籍縣學增廣生

治詩經字子崇行三年三十五十二月初十日生

曾祖俊　祖天祿　父時知縣　母江氏

具慶下　兄正秀　正吉監生　正言　弟正志　娶劉氏

四川鄉試第六名　會試第一百八十九名

高節

貫大興左衛官籍直隸永清縣人順天府學增廣生

治易經字爾瞻行一年二十六五月初二日生

曾祖欽指揮使贈昭勇將軍　祖深指揮使封昭勇將軍　父鎮指揮使　母陳氏

具慶下　弟箕　第　娶郭氏

順天府鄉試第六十一名　會試第一百七十二名

黃注　貫江西贛州府信豐縣軍籍　縣學生
治書經字汝霖行七年三十四八月二十四日生
曾祖鼎　祖學 義官　父稅 監生　母甘氏
永感下　兄源　洪　弟沂　流　潜　娶林氏
江西鄉試第二十五名　會試第二百七名

楊九澤　貫陝西西安府華州華陰縣民籍　國子生
治書經字子徳行一年四十二月初九日生
曾祖輝 縣學生　祖彬 壽官　父盡忠　母劉氏　繼母王氏　李氏
具慶下　弟九淵　九功　九疇　九經　九圍　九山　九官　九韶　娶劉氏　繼娶王氏　梁氏
陝西鄉試第二十七名　會試第二百五十四名

劉廷儀 貫太醫院籍浙江慈谿縣人 順天府學生

治詩經字汝修行二十年二十七六月二十三日生

曾祖坊 祖鏡 父藩 母邵氏

重慶下 弟廷誥(同科進士) 廷制 廷詠 廷諲 娶馮氏

順天府鄉試第二十九名 會試第二百四十三名

張煌 貫福建福州府懷安縣民籍閩縣人縣學生

治易經字用韜行三年三十六十月二十四日生

曾祖銳 祖源 父秉 母董氏

慈侍下 兄炫 娶林氏

福建鄉試第六十五名 會試第七十六名

趙汴 貫直隸蘇州府太倉州民籍 國子生

治春秋字伯京行一年三十六四月初四日生

曾祖謙義官 祖璧七品散官 父原錫府知事 母李氏

具慶下兄汝監生漢監生濂州吏目潼聽選官淳弟溍瀚歲貢監生淛淮深娶曹氏

應天府鄉試第一名 會試第二百四十八名

李希程 貫河南開封府蘭陽縣軍籍 國子生

治易經字宗伊行一年三十六三月初七日生

曾祖愚知州 祖錦訓導 父浚監生 母毛氏

具慶下 弟希韓 希歐 娶黃氏 繼娶韓氏

河南鄉試第十三名 會試第一百六十四名

胡叔廉 貫江西臨江府新淦縣軍籍 縣學生

治詩經字明發行八年二十七十一月二十二日生

曾祖洞徹 祖寬爵 父深道 母敖氏

具慶下 兄叔齡 叔芳 弟叔愛 娶蕭氏 繼娶劉氏

江西鄉試第三十五名 會試第五十九名

王之臣 貫四川順慶府南充縣民籍 府學生

治詩經字原孝行一年三十七月二十日生

曾祖能 祖充 訓導封按察司僉事 父棟 布政司右參議進階朝列大夫 母趙氏 封宜人

慈侍下 兄學文勤之民學儒之鄉舒 弟之賓之祐 娶張氏 繼娶陳氏

四川鄉試第三名 會試第三百十五名

孫宏軾　貫四川成都府資縣民籍　國子生
治詩經字以瞻行三年三十二四月初三日生
曾祖林　祖魁　父琴　嫡母唐氏　母李氏
慈侍下　兄宏軌　宏軒　弟宏轍　娶湯氏
四川鄉試第二十八名　會試第三百二十名

譚棨　貫四川重慶府涪州民籍　州學生
治易經字朝器行十一年二十九九月初八日生
曾祖本芳　祖宗學義官　父千偉　母沈氏
重慶下　兄海州判　棟省祭官　弟榮　棠　講　臬　娶黃氏
四川鄉試第五十七名　會試第九十三名

林應箕

貫福建興化府莆田縣民籍 府學增廣生

治春秋字輝南行十一年二十九七月十二日生

曾祖汝良 七品散官 祖雍 贈大理寺評事 父仕鳳 按察司僉事 母朱氏 [illegible] 繼母顏氏 [illegible]

具慶下 兄應壁 弟應侯 應斗 娶吳氏

福建鄉試第三十三名 會試第二百二十一名

臧珊

貫直隸淮安府山陽縣民籍陝西行都司 國子生

治禮記字子珮行一年三十五五月二十七日生

曾祖政 祖鉞 父海 壽官 母高氏 繼母趙氏

具慶下 弟瑚 璘 監生 璉 瑗 珠 監生 瓛 璠 娶涂氏

應天府鄉試第一百二十名 會試第二百七十六名

韓一右

貫山東濟南府青城縣民籍 縣學生

治禮記字汝衡行二年三十十月二十六日生

曾祖瑜 祖捐知縣 父齊知縣 嫡母焦氏 生母馬氏

慈侍下 兄一左 弟一動 一靜 娶李氏

山東鄉試第五名 會試第一百八十四名

劉養直

貫四川成都府內江縣民籍 國子生

治詩經字敬夫行三年三十五九月十四日生

曾祖志寧贈戶部主事 祖珏知府 父時通判 母張氏 繼母黃氏

嚴侍下 兄養蒙 養仕貢士 弟養民 養性 娶傅氏 繼娶王氏

四川鄉試第二十七名 會試第一百九十四名

馮時雨　貫直隸河間府景州軍籍　國子生

治詩經字慰民行二年三十五七月二十六日生

曾祖得才　祖寧(壽官)　父積德(知縣)　嫡母孫氏　生母龐氏

慈侍下　兄時通　弟時選　娶王氏

順天府鄉試第九十八名　會試第二百六十一名

李廷松　貫直隸保定府安肅縣民籍　國子生

治春秋字茂貞行二年三十七十一月二十九日生

曾祖德　祖銘　父正(縣丞)　母張氏

具慶下　兄廷桂(府通判)　廷槐　弟廷梧　廷梅　娶王氏

順天府鄉試第一百十名　會試第八十一名

諸葛峴

貫浙江金華府蘭谿縣軍籍　縣學生

治易經字叔靜行一百三十六年三十二十二月二十五日生

曾祖彥譚　祖宗顯義官　父琅　母范氏

具慶下　兄山　弟傚　娶王氏

浙江鄉試第四十二名　會試第六名

馬麟

貫四川重慶府巴縣軍籍　縣學增廣生

治詩經字子振行四年二十八三月二十八日生

曾祖永聰　祖政　父應祥　母何氏

具慶下　兄龍　健　娶陳氏　繼娶謝氏

四川鄉試第十一名　會試第一百八十七名

吳寵　貫江西饒州府德興縣民籍　縣學生

治詩經字子俊鄉行十九年三十六九月初七日生

曾祖豐贈知縣　祖浚知州　父頼義官　母王氏

慈侍下　兄安守　弟寅宬察寄宇寀宰宓寂賽寯宴　娶張氏

江西鄉試第七十四名　會試第二百六十八名

劉維綸　貫陝西延安府清澗縣官籍　國子生

治易經字子孚行二年四十十月二十六日生

曾祖尚絅同封知府　祖鏞布政使司右參政進階[illegible]正治卿　父介　嫡母楊氏封安人　生母周氏

永感下　兄維禎監生　弟維裕監生　維褫指揮僉事　娶梁氏

陝西鄉試第十五名　會試第二百三十四名

喻時

貫河南汝寧府光州民籍

治詩經字中甫行二年三十二二月初五日生

曾祖克恭　祖孟烈　父宣監生　前母李氏　母夏氏

慈侍下　兄止　娶郝氏　繼娶趙氏

河南鄉試第六名　會試第二百七十四名

曹守貞

貫直隸揚州府江都縣民籍　國子生

治易經字子一行二年二十七十一月十八日生

曾祖彥和　祖斌　父濬監生　母周氏

具慶下　兄守愚　弟守約　娶孔氏　繼娶劉氏

應天府鄉試第十五名　會試第五十七名

喻希學　貫河南汝寧府光山縣民籍　增廣生
治春秋字博之行一年三十七十二月二十三日生
曾祖旭　祖明 徵賓　父正本　母胡氏
慈侍下　兄希堯 貢士　弟希頊　希大　希益　娶呂氏
河南鄉試第三十九名　會試第二百七十五名

顧問　貫湖廣黃州府蘄州軍籍　州學附學生
治書經字子承行一年二十八十一月初八日生
曾祖昇　祖宗儒　父敔　母陳氏
具慶下　弟闕　娶胡氏
湖廣鄉試第三十七名　會試第七十名

王春復　貫福建泉州府晉江縣軍籍　國子生

治易經字學牧行一年三十三月初五日生

曾祖玘　祖和　父琥　母林氏　繼母黃氏

具慶下兄休復陽復克復德復弟三復速復初復禮復娶蔡氏

福建鄉試第三十二名　會試第一百五十七名

王炯　貫貴州清平衛官籍浙江嵊縣人　衛學生

治春秋字幼明行七年二十四九月初二日生

曾祖聚都指揮僉事[illegible]贈都指揮同知　祖璋知縣封監察御史　父禾按察司僉事　母孫氏封孺人

重慶下　兄承祖指揮　學祖　念祖　弟燁　煉　烺　娶金氏

貴州鄉試第五名　會試第二百六十三名

孫喬 貫浙江杭州府海寧縣竈籍 縣學生
治易經字世南行一年三十四月十九日生
曾祖頤 祖禋 父鑾 母許氏
具慶下 兄㨗 棟 弟科 稼 和 高 秩 榜 穆 娶賈氏
浙江鄉試第四十一名 會試第一百八十六名

李孔陽 貫直隸真定府冀州武邑縣民籍 國子生
治詩經字子朱行三年二十九八月初二日生
曾祖斌 祖鼐 父好實聽選監生 母高氏
具慶下 兄孔嘉監生 孔厚 弟孔時 娶滕氏
順天府鄉試第七十五名 會試第二百二十六名

劉昭文

貫江西南安府南康縣軍籍 縣學附學生

治禮記字汝簡行五年二十十一月十五日生

曾祖惆 祖恩澤 父翔贇生 母王氏

具慶下 兄昭勲 昭理 弟昭武 娶田氏

江西鄉試第三十名 會試第二百十二名

金城

貫山東濟南府歷城縣民籍 國子生

治詩經字邦衛行一年四十十一月二十八日生

曾祖鼎南京工部主事 祖章壽官 父琊訓導 母李氏

嚴侍下 娶張氏

山東鄉試第十一名 會試第四十九名

馮惟重

貫遼東廣寧左衛軍籍山東臨朐縣人 國子生

治詩經字汝威行二年三十五正月初七日生

曾祖春 祖振贈南京戶部署郎中事員外郎 父裕按察司副使 母伏氏封宜人

具慶下 兄惟健貢士 弟惟敏貢士 惟訥同科進士 惟直 娶蔣氏

山東鄉試第二十三名 會試第一百十六名

程軏

貫山東東昌府臨清州民籍 國子生

治易經字信甫行二年三十六二月初三日生

曾祖思忠 祖源 父瑛壽官 母趙氏

具慶下 兄輗七品散官 弟輅監生 娶武氏 繼娶龔氏

山東鄉試第七十五名 會試第二百十七名

王國楨

貫浙江紹興府山陰縣民籍　儒士

治詩經字以寧行二十五年二十六十二月十七日生

曾祖彥德　祖玉玭　父愷　母茅氏

重慶下　兄國臣　弟國言　國賓　國[illegible]　國器　娶姜氏

浙江鄉試第二十四名　會試第七十七名

李天寵

貫河南河南府孟津縣軍籍　國子生

治易經字子承行一年二十八八月十五日生

曾祖端　祖鳳　父瀛　母紫氏

永感下　弟天定　娶孟氏

河南鄉試第二十五名　會試第一百二十二名

劉三畏

貫山東青州府昌樂縣軍籍 國子生

治詩經字少欽行一年三十八十月二十六日生

曾祖貞（州判官） 祖蕙 父士弘（州判官） 母趙氏 繼母張氏

嚴侍下 弟三近 三善 娶趙氏

山東鄉試第三十名 會試第五十二名

孫文錫

貫福建福州府連江縣民籍 縣學生

治易經字公爵行一年三十五十一月初二日生

曾祖泰 祖寔 父垣 母丘氏

重慶下 弟文鋼 娶蘇氏

福建鄉試第二十一名 會試第一百三十七名

鄭一鸞 貫福建泉州府晉江縣民籍 國子生

治易經字鳴陽行一年四十七七月初八日生

曾祖永寬 祖觀 父祜 母蔡氏

永感下 第一鳳 娶馮氏

福建鄉試第七十六名 會試第二百八十三名

郭進 貫江西袁州府宜春縣民籍 縣學生

治易經字抑之行三年三十一四月初一日生

曾祖其元 祖靄 父鸞 母湯氏

慈侍下 弟遷 道 遠 迪 遜 遇 選 娶張氏

江西鄉試第五十三名 會試第二百八十六名

趙承謙　貫直隸蘇州府常熟縣民籍江陰縣人國子生

治詩經字德光行三年四十二五月初五日生

曾祖孟貽　祖實　父玭　母顧氏

永感下　兄松府經歷　枘　楨　弟棖　楷　格　娶蕭氏

應天府鄉試第二十一名　會試第一百四十八名

朱尚文　貫直隸保定府新城縣民籍　國子生

治書經字質卿行一年四十三十一月初八日生

曾祖英　祖海全　父達典史　前母齊氏　崔氏　母鄭氏

永感下　弟博文　娶張氏

順天府鄉試第一百六名　會試第二百十八名

蔣宗魯

貫貴州普安衛軍籍應天府溧陽縣人 普安州學增廣生

治易經字道父行二年二十二十二月十三日生

曾祖銘 祖勝義官 父廷璧監生 前母徐氏 母羅氏

具慶下 兄芹 宗周 弟宗曾 娶潘氏

貴州鄉試第十五名 會試第二百八十名

李和芳

貫湖廣荆州府公安縣軍籍 縣學附學生

治書經字仁父行二年三十六十二月初七日生

曾祖謙 祖德明八品散官 父秀監生 母嚴氏

永感下 兄文芳貢士 弟元芳 龍芳 群芳 娶曹氏

湖廣鄉試第四十五名 會試第二百六十九名

朱徵　貫河南南陽府唐縣民籍　國子生
治春秋字晉卿行一年四十十月十三日生
曾祖文昌　祖寬　父鳳　母劉氏　繼母王氏
永感下　弟德　娶楊氏
河南鄉試第八十名　會試第二百三十名

黃宗槩　貫福建福州府閩縣民籍　縣學附學生
治易經字時節行九年三十三正月十六日生
曾祖誠　祖宣慶　父繼魁　母林氏
具慶下　弟裳　宗器（南京戶部主事）　宗秩　宗侃　宗仙　娶林氏　繼娶張氏
福建鄉試第五十四名　會試第二百二十名

齊宗道 貫遼東廣寧右衛軍籍山東日照縣人 國子生
治詩經字叔魯行二年三十三十月十二日生
曾祖叅 祖斌 父友壽官 母陳氏
具慶下 兄春 宗賢貢士 弟泰 宗曆 宗括 娶耿氏
順天府鄉試第五十九名 會試第一百六十五名

張道 貫湖廣衡州衛官籍 國子生
治詩經字允中行三年三十三五月初七日生
曾祖英 祖珏正千戶 父憲 母魯氏
慈侍下 兄本指揮僉事 去 弟選 娶范氏
湖廣鄉試第七十六名 會試第三十九名

鄒守 貫四川成都府雙流縣民籍 國子生

治禮記字惟一行一年二十九十二月十二日生

曾祖彥和 祖秩 父東府通判 母王氏 繼母史氏

重慶下 弟可 止 娶任氏

四川鄉試第五名 會試第二百九十四名

程紳 貫山東青州府樂安縣匠籍 縣學生

治書經字伯書行三年三十九月十六日生

曾祖勝 祖琮 父玉縣丞 母祝氏

慈侍下 兄紀教授 綸 縉 弟繒 綬 娶蔣氏 繼娶崔氏

山東鄉試第四十一名 會試第一百九十名

林冕 貫廣東廣州府番禺縣民籍 縣學增廣生
治詩經字端吾行二年三十四月二十一日生
曾祖迪 祖泰 父秀 母何氏
永感下 兄晏 昊 弟昇 晟 杲 娶郭氏
廣東鄉試第五十九名 會試第七十九名

張瑞 貫福建泉州府惠安縣民籍 歲貢生
治詩經字應時行一年四十十二月十五日生
曾祖永淵 祖榮科 父崑 母孫氏
慈侍下 弟琪 娶黃氏
順天府鄉試第四十六名 會試第一百五十八名

繆文龍

貫貴州烏撒衛軍籍直隸華亭縣人　國子生
治書經字惟德行三年二十九正月二十八日生
曾祖愷　祖仁　父良玉知縣　母解氏
具慶下　兄文獻　文英　弟文明　文鳳　娶錢氏
雲貴鄉試第三十八名　會試第二百二十二名

葛廷章

貫陝西臨洮府蘭州工正所匠籍　州學生
治書經字朝憲行二年三十五四月二十二日生
曾祖禎　祖忠　父林　母王氏
永感下　兄廷美　娶朱氏　繼娶劉氏
陝西鄉試第三十名　會試第二百二十五名

李凌雲 貫河南開封府鈞州民 國子生

治書經字子鵬行三年二十六六月初七日生

曾祖剛 祖全 父延（封監察御史） 母周氏（封孺人）

具慶下 兄乘雲（監察御史） 登雲（大理寺右評事） 弟拔雲 望雲 慶雲 燦雲 娶劉氏

河南鄉試第十名 會試第五十八名

鄭光溥 貫山東青州府益都縣民籍 國子生

治詩經字伯公行一年三十七十月二十五日生

曾祖贇 祖堂 父猴（引禮舍人） 母于氏

永感下 娶馬氏

順天府鄉試第一名 會試第八十五名

劉學易 貫山東青州府壽光縣民籍 國子生

治春秋字道南行四年四十一四月二十七日生

曾祖文貴 祖森 父頡知縣 母游氏

慈侍下 娶王氏

山東鄉試第九名 會試第二百九十八名

趙恒 貫福建泉州府晉江縣軍籍 府學增廣生

治春秋字志貞行二年二十八十一月十三日生

曾祖森贈戶部主事 祖瑺贈戶部郎中 父信 母李氏

慈侍下 弟忱 娶王氏

福建鄉試第五名 會試第四十六名

李珊 貫湖廣衡州衛官籍 國子生
治詩經字敬孚行一年三十四九月初四日生
曾祖贇 祖賢壽官 父恩 母王氏
重慶下 兄龍都指揮僉事 夔指揮使 鳳 漢 琦 弟瑄 璣 珠 瓆 娶王氏
湖廣鄉試第七十八名 會試第一百一名

朱家相 貫河南開封府歸德州民籍直隸太倉州人 國子生
治詩經字伯鄰行二年二十九十一月二十二日生
曾祖紀 祖洪 父壽 母錢氏
慈侍下 兄卿 弟宰 娶范氏
河南鄉試第七十九名 會試第二百九十九名

黃洪毗

貫福建興化府莆田縣軍籍 府學生

治書經字協恭行二年三十二八月十六日生

曾祖玉英贈南京翰林院侍讀學士奉政大夫 祖潤南京翰林院侍讀學士 父肯堂貢士 母張氏

慈侍下 兄洪蒄 弟洪瀛 洪翰 洪化 娶陳氏

福建鄉試第二十二名 會試第四十四名

周寧

貫福建興化府莆田縣軍籍 國子生

治詩經字彥靖行七年四十六二月二十七日生

曾祖勃 祖輔 父任 母林氏

具慶下 兄宣布政使司左布政使 寬 寅 弟容聽選官 瑞知縣 完 娶林氏

福建鄉試第三十七名 會試第一百三十六名

胡經　貫河南彰德府磁州民籍　國子生
治春秋字伯常行三年三十九十一月十六日生
曾祖英　祖仲友　父廣　母柯氏
永感下　兄甫　顯　弟表　進　倫　娶李氏
河南鄉試第四名　會試第一百三十二名

林策　貫福建漳州府漳浦縣軍籍　縣學生
治詩經字直夫行三年三十十月初九日生
曾祖晋玄　祖弘　父象　母陳氏
具慶下　兄勛　材　弟會　娶丘氏
福建鄉試第十一名　會試第三百八名

孫孟

貫直隸滁州官籍　國子生

治易經字端甫行五年三十五正月二十六日生

曾祖和　祖允恭府教授　父序推官封禮部主事贈知府　前母李氏贈太恭人　母蔡氏封太恭人

慈侍下　兄瑛指揮僉事　孝典膳　孜義官　存按察副使　季弟厚學　娶方氏

應天府鄉試第一百三十三名　會試第二百十四名

李用和

貫山東青州府益都縣民籍　府學生

治詩經字元樂行一年三十十月初十日生

曾祖俊　祖贍　父鑑　母韓氏

重慶下　弟用敬貢士　用中　娶蘇氏

山東鄉試第十二名　會試第一百八十一名

戴維師 貫浙江紹興府蕭山縣民籍 國子生

治詩經字秉文行六年三十四六月十六日生

曾祖仲儒 祖民望 父光府通判 母高氏

具慶下 兄維忠 維孝 弟維宗 維正 維吉 娶黃氏

浙江鄉試第四十三名 會試第二百五十二名

吳相 貫直隸順德府內丘縣民籍 縣學生

治書經字汝立行一年二十五八月十六日生

曾祖叅 祖真 父聰 嫡母張氏 生母呂氏

慈侍下 娶龔氏

順天府鄉試第四十九名 會試第二百九十一名

楊梁

貫浙江衢州府西安縣民籍 國子生
治易經字廷材行七年二十八正月十一日生
曾祖昊推官 祖錞歲貢生 父澍 母葉氏
具慶下 兄棠 弟槼 娶鄭氏
浙江鄉試第十二名 會試第二百二十四名

劉起宗

貫四川重慶府巴縣民籍 國子生
治書經字宗之行一年三十五八月初四日生
曾祖[illegible] 祖春[illegible]禮部尚書兼翰林院學士贈太子太保謚文簡 父彭年[illegible] 母牟氏封安人
具慶下 弟起元起東起[illegible]起蒙起敬起莘起江 娶李氏繼娶柳氏
四川鄉試第二名 會試第一百五名

張思誠 貫順天府固安縣民籍陝西長安縣人縣學生

治詩經字子脩行三年三十五十一月二十八日生

曾祖霖 祖幹 父永 前母章氏 母辛氏

慈侍下 兄思敬思明 弟思懋思睿思元 娶孫氏繼娶王氏

順天府鄉試第三十名 會試第一百三十一名

何御 貫福建福州府福清縣民籍 縣學附學生

治詩經字範之行一年三十四八月十八日生

曾祖熙舉人署教諭事 祖璋 父元秩 母林氏

永感下 弟衎 徽 術 衢 娶陳氏

福建鄉試第八十二名 會試第一百八十五名

孟淮

貫河南開封府祥符縣民籍 府學附學生

治禮記字豫川行一年二十六七月十七日生

曾祖信 祖喜 父廷蘭 典膳 母謝氏

具慶下 弟澤 津 洙 娶周氏 繼娶蘇氏

河南鄉試第十九名 會試第二百六十四名

張信

貫福建汀州府永定縣民籍 國子生

治書經字廷和行三年三十二九月二十四日生

曾祖璘 祖紹 父世弘 母鄭氏

重慶下 兄佩 訓科 弟俊 娶賴氏

福建鄉試第九十二名 會試第一百四十二名

鮑道明　貫直隸徽州府歙縣民籍　府學生
治春秋字行之行八年三十六五月初三日生
曾祖顯　祖文蘇　父榮芳　母汪氏
具慶下兄清倫濂光壽濬隆弟純深求堅積滿道達遠選娶江氏
應天府鄉試第四名　會試第一百八十名

龔遇春　貫直隸蘇州府太倉州民籍常熟縣人國子生
治禮記字體仁行四年四十二正月二十二日生
曾祖瓛贈知縣　祖顯　父冲　母陸氏
永感下兄富春　政春　壽春　弟芳春　苙春　復春　娶王氏
應天府鄉試第三十五名　會試第一百十一名

劉大武　貫湖廣荊州府江陵縣民籍　國子生

治易經字象成行一年三十一閏正月三十日生

曾祖遂　祖永寧　父鵬　母張氏

具慶下　弟大本　大章　大和　娶徐氏繼娶李氏

湖廣鄉試第十五名　會試第一百三名

程時思　貫江西饒州府浮梁縣軍籍　府學生

治易經字以學行二十四年二十五九月十七日生

曾祖鵬元　祖富昶　父儦　母汪氏　繼母吳氏

具慶下　兄時暘　弟時相　時行　時政　時濟　時彰　時寶　時軾　娶鄭氏

江西鄉試第六十二名　會試第一百七十四名

董子策

貫直隸廬州府合肥縣軍籍湖廣京山縣國子生
治書經字元正行一年三十五十月十二日生
曾祖俊　祖忠壽官　父鉞　母陳氏
慈侍下　娶劉氏
應天府鄉試第三十名　會試第五十名

葉照

貫江西南昌府南昌縣軍籍　府學生
治易經字以明行七年二十三月十九日生
曾祖思楗　祖景發　父時盖　母何氏
重慶下　弟汝敬　汝亮　汝頤　汝交　娶龔氏
江西鄉試第四十五名　會試第九十七名

葉春澤 貫福建福州府閩縣民籍 府學生
治書經字仁敷行八年三十五九月十一日生
曾祖顯 祖徵府教授 父璧 母盛氏
慈侍下 兄秀 娶林氏
福建鄉試第七名 會試第一百五十四名

許元祥 貫浙江寧波府鄞縣民籍 國子生
治易經字國鍾行四年四十四月十八日生
曾祖伯義 祖純 父瓏 母薛氏
慈侍下 兄元吉 元慶 元禎 弟元禮鄉選 元麟 元祿 元德 娶周氏
浙江鄉試第三名 會試第三百九名

聶櫟

貫山東臨清衛軍籍河南祥符縣人　濟寧州學生

治易經字公壽行二年三十七六月十一日生

曾祖讓　祖敔訓導　父瓚長史　母劉氏

具慶下　兄樗　弟析　娶王氏　繼娶石氏

山東鄉試第二十四名　會試第一百三十五名

劉洛生

貫山東東昌府恩縣民籍　縣學生

治易經字希程行二年二十三八月十九日生

曾祖忠　祖進吏　父鎬縣主簿　前母馬氏　郭氏生母房氏

具慶下　兄魯生貢士　弟闢生　闡生　秉生　娶趙氏

山東鄉試第五十五名　會試第九十名

劉大實 貫河南汝寧府確山縣民籍[illegible]川縣人 縣學生

治易經字子虛行一年二十四十月十二日生

曾祖榮 祖鑑 父富 母董氏

具慶下 弟大貞 大貫 娶陳氏

河南鄉試第四十八名 會試第四十八名

陳鵠 貫浙江紹興衛官籍直隸武進縣人 國子生

治詩經字鳴霄行二年三十十二月初九日生

曾祖傑百戶 祖繹百戶 父瑞百戶 母李氏封安人

重慶下 兄鶴百戶 弟鳴鳳 鵾 娶吳氏繼娶朱氏

浙江鄉試第四十三名 會試第六十二名

張秉壺　貫福建興化府莆田縣民籍　國子生
治書經字國鎮行三年三十二正月初八日生
曾祖勉署正　祖道亨七品散官　父朝昇知縣　嫡母翁氏　生母劉氏
慈侍下　兄秉羅　秉浮　娶朱氏
福建鄉試第十四名　會試第二百十名

張文卿　貫陝西西安府三原縣軍籍　國子生
治書經字質夫行一年三十二閏正月十六日生
曾祖惟孝　祖通　父志聰　母師氏
慈侍下　弟欽卿　思卿　娶杜氏
陝西鄉試第一名　會試第一百八名

胡川楫

貫直隸徽州府歙縣匠籍　國子生

治易經字巨卿行三年三十四九月十九日生

曾祖宗應　祖直賜　父儼　母程氏　繼母張氏

具慶下　兄元寅 載嘉 繼明 月　弟秉鷹 鵬 鶴 完性　娶陳氏

應天府鄉試第三十三名　會試第二百九十三名

袁鳳鳴

貫湖廣辰州衛軍籍直隸盱眙縣人　縣學生

治易經字子時行一年三十七十二月初八日生

曾祖敬百戶　祖禮　父經　母顏氏

永感下　弟鳳儀　娶高氏

湖廣鄉試第四十名　會試第一百四十四名

吳蘭 貫直隸廬州府六安州霍山縣民籍雲南霑益州 國子生

治禮記字卿佩行一年四十四正月初九日生

曾祖信 祖泰 府教授 父鳳儀 訓導 母嚴氏

具慶下 弟莅 娶李氏

應天府鄉試第一百七名 會試第三百十八名

葛賓 貫山東兗州府滕縣民籍直隸清河縣 國子生

治詩經字大賓行一年二十八五月十六日生

曾祖友 祖明 父恕 母牛氏 繼母鄭氏

具慶下 弟儒 娶孫氏

山東鄉試第五十四名 會試第二百三十三名

徐良傅

貫江西撫州府東鄉縣民籍　府學生

治書經字子𢠵行二十三年三十四八月二十九日生

曾祖祿　祖誠壽　父紀 訓導　母樂氏

嚴侍下　兄良器　娶鄧氏

江西鄉試第八名　會試第四十名

歐陽建

貫廣東廣州府新會縣民籍　國子生

治詩經字參可行一年三十九二月十三日生

曾祖乾禎　祖瞰 義官　父純熙　母伍氏

具慶下　弟律　津　娶陳氏

廣東鄉試第二十六名　會試第二百七十二名

洪庭桂 貫福建泉州府南安縣軍籍 縣學生
治易經字德馨行三年三十五九月二十日生
曾祖敏倫 祖昕議 父宙 母林氏 繼母吳氏
嚴侍下 兄庭芳 庭梧 庭實貢士 弟庭秀 庭蘭 娶涂氏
福建鄉試第七十一名 會試第六十一名

胡堯臣 貫四川重慶府安居縣軍籍 國子生
治詩經字伯純行二年三十二正月二十五日生
曾祖存祿 祖鵬 父自明訓導 母朱氏
重慶下 兄臧 弟舜臣 禹臣 娶楊氏
四川鄉試第五十名 會試第一百四名

董懋中 貫直隸保定府安州高陽縣人 國子生

治書經字德甫行二年二十三九月二十四日生

曾祖榮 祖紋 父兵 母王氏

具慶下 兄用中 執中貢士 帝中貢士 秉中 化中 崇中 弟萬中 協中 吉中 龍中 虞中 聲中 適中 娶苑氏

順天府鄉試第二十六名 會試第二百二十四名

郭惟清 貫武功中衛匠籍直隸崑山縣人 順天府學附學生

治書經字寅仲行一年三十十月初二日生

曾祖福敬 祖泰 父昇 母楊氏

具慶下 弟惟和 惟一 娶文氏

順天府鄉試第一百六名 會試第二百二十八名

倪璦

貫陝西咸寧縣民籍直隸長洲縣人 府學生

治春秋字公引行四年三十五十二月初八日生

曾祖曙 祖顒(散官) 父通(封給事中) 嫡母劉氏(封孺人) 生母劉氏

慈侍下 兄璣(按察司僉事) 環(驛丞) 玳(貢士) 瑤 珮 弟璜(監生) 娶黃氏

陝西鄉試第五十六名 會試第一百四十六名

袁袞

貫直隸蘇州府吳縣民籍 國子生

治易經字補之行三年四十五月十六日生

曾祖琮 祖敬 父鼎(訓科) 母韓氏

永感下 兄表(南京兵馬副指揮) 褧 弟褒(監生) 表(前兵部主事) 裘 娶盧氏

應天府鄉試第六十六名 會試第五十五名

莊思寬 貫福建泉州府晉江縣民籍 縣學附學生

治易經字君粟行二年三十三八月二十日生

曾祖儀則 祖元善 父龍 母郭氏

慈侍下 兄思恭 弟思信 娶張氏

福建鄉試第六十一名 會試第十四名

孟顏 貫山西澤州民籍 國子生

治詩經字學顏行一年二十四三月初一日生

曾祖彪 累贈太僕寺少卿都察院右僉都御史 祖春 累贈資政大夫工部左侍郎 父陽 行人贈監察御史 母顏氏 封孺人

永感下 弟學孔 學思 顯 項 學堯 娶熊氏

山西鄉試第三名 會試第一百九十一名

劉乾　貫直隸保定府唐縣軍籍　國子生
治詩經字仲坤行三年三十二十一月十一日生
曾祖著敎諭　祖瑜翰林院檢討　父汝敎　母左氏
慈侍下　兄鼎　泰　弟恒　娶王氏　繼娶徐氏
順天府鄉試第一百十七名　會試第二百十九名

趙之屛　貫四川順慶府南充縣民籍　國子生
治詩經字憲甫行一年二十八十二月十四日生
曾祖求富　祖廷爵　父愷　母鄭氏
具慶下　弟之翰　之藩　之綱　之紀　娶韓氏
四川鄉試第七名　會試第一百四十五名

郅成德

貫山西太原府平定州守禦千戶所軍籍壽陽縣人　國子生

治書經字行叔行一年三十八七月初四日生

曾祖海　祖福祥　父鏞　母郭氏

具慶下　弟成業　成性　成仁　成義　娶馬氏

山西鄉試第三十八名　會試第二百五十一名

冷珂

貫四川重慶府榮昌縣軍籍湖廣麻城縣人　國子生

治易經字鳴叔行五年四十六月二十日生

曾祖廷傑　祖奎教諭贈奉政大夫府同知　父宗元知府　母張氏贈宜人　繼母鄭氏封

具慶下

四川鄉試第五十九名　會試第一百四十名

孟廷相 貫順天府霸州軍籍 州學生

治書經字爰立行一年三十五十月十二日生

曾祖安府照磨 祖欽七品散官 父瑛州學正 母胡氏

具慶下 弟廷芳 廷鄰 娶司氏

順天府鄉試第二十八名 會試第二百四十五名

劉選 貫河南汝寧府汝陽縣民籍山西安邑縣人 府學生

治詩經字子銓行一年二十八月十六日生

曾祖順 祖江 父亮 嫡母王氏 生母張氏

具慶下 娶鄭氏

河南鄉試第二名 會試第一百九名

王尚學　貫廣西柳州府馬平縣民籍　縣學生

治易經字敏叔行四年三十四月十一日生

曾祖昕　祖沂　父相　母文氏

具慶下　娶陳氏

廣西鄉試第三名　會試第二百三名

王德　貫浙江溫州府永嘉縣軍竈籍　縣學附學生

治詩經字汝脩行三年二十一閏十二月十二日生

曾祖廷芳　祖鐲　父浥　母林氏

具慶下　兄慶　立　娶鄧氏

浙江鄉試第八十名　會試第七十三名

謝體升 貫江西吉安府吉水縣軍籍 縣學生

治易經字順之行五年三十三三月二十五日生

曾祖建康 祖充選義官 父顯義官 前母高氏 母蕭氏 繼母周氏

具慶下 兄體蒙監生 體師 體鼎監生 弟體復 娶黃氏

江西鄉試第五十一名 會試第二百二十七名

唐時 貫直隸保定府雄縣民籍 縣學生

治詩經字學孔行一年二十七十月二十日生

曾祖興 祖全 父林 母高氏

具慶下 娶李氏

順天府鄉試第一百二十五名 會試第[illegible]十一名

魏謙吉

貫直隸真定府柏鄉縣民籍　國子生

治春秋字子惠行四年三十十二月初一日生

曾祖鑑　祖壽訓導　父巖儒官　母趙氏

具慶下兄謙光監生　謙亨　謙利　弟謙貞　謙榮　謙勞　謙撝　娶李氏

順天府鄉試第二名　會試第五名

張情

貫直隸蘇州府崑山縣匠籍　國子生

治詩經字約之行二年三十六九月二十四日生

曾祖思明　祖繪　父祥歲貢生　母杜氏

慈侍下　兄性　弟意按察司副使　心　娶朱氏

應天府鄉試第四十九名　會試第二百一名

劉燾 貫直隸天津左衛軍籍河南項城縣人 衛學生
治詩經字仁甫行三年二十七正月二十二日生
曾祖興 祖清 父氣壽官 母石氏
具慶下 兄勳 臣 娶陳氏
順天府鄉試第四十七名 會試第四十三名

曾秉彝 貫浙江杭州府海寧縣民籍 國子生
治詩經字性甫行八年三十五四月十三日生
曾祖賓 祖孟封按察司僉事 父繪 母周氏
永感下兄秉忠秉直秉衡秉清秉濂秉銓監生弟秉鉞貢士秉倫秉僖秉佶秉鈞娶陳氏
浙江鄉試第二十一名 會試第十五名

吳世良 貫浙江嚴州府遂安縣民籍 縣學生

治春秋字元良行三年三十十一月十三日生

曾祖汝廣 祖士雍壽官 父漢 母余氏

具慶下 兄世恩 世惪 弟世義 宗魯 娶淩氏繼娶嚴氏

浙江鄉試第九名 會試第一百六十名

張詔 貫山東濟南府濟陽縣民籍 縣學生

治易經字朝宣行一年二十八三月初六日生

曾祖斌 祖玉 父遷 前母劉氏 母周氏

嚴侍下 弟侶 儔 代 儒 娶謝氏 繼娶謝氏

山東鄉試第三十五名 會試第一百六十九名

丘玳

貫直隸廬州府六安州軍籍 國子生

治書經字文玉行二年四十二十月初五日生

曾祖嵩 祖炫 父附 母吳氏

具慶下 兄珩 弟瑞 娶龔氏 繼娶王氏

應天府鄉試第一百九名 會試第二百八十一名

李實

貫河南河南府靈寶縣民籍 縣學生

治易經字幼華行三年三十四七月初八日生

曾祖孜義官 祖孟陽 父禋 母魯氏

具慶下 兄繼義 繼儒 弟守 娶閻氏

河南鄉試第七十四名 會試第二百三十七名

許瑄 貫福建泉州府晋江縣匠籍 縣學附學生

治易經字伯温行二年二十七四月初十日生

曽祖舜謙 祖成高 父元明 母鄭氏

慈侍下 兄璘 弟璥 娶蕭氏

福建鄉試第八十三名 會試第二百八十八名

張潛 貫山東濟南府齊河縣官籍 縣學生

治詩經字時見行二年二十二八月初八日生

曽祖純 祖居仁府知 父九經 母畢氏

重慶下 弟津 洞 洋 涞 湘 沾 聘李氏

山東鄉試第三十二名 會試第二百三十六名

黃如桂

貫江西吉安府廬陵縣民籍　國子生

治詩經字德馨行三年四十三三月十二日生

曾祖時佐　祖鎬　父懋指　母李氏

永感下　兄照、文　喬　娶李氏

江西鄉試第八名　會試第十九名

蕭世延

貫四川成都府內江縣民籍　縣學生

治書經字可靜行六年三十四四月初十日生

曾祖汝明贈都察院右都御史　祖騏義官　父露　嫡母吳氏　生母李氏

慈侍下　兄世顯縣官　世壽百戶　世雍　世選生　世乾監生　世建　弟世萬　世曾貢士　世謙　世賢　娶穆氏　繼娶龔氏

四川鄉試第十名　會試第三百十一名

羅廷繡 貫陝西西安府邠州淳化縣民籍 國子生

治書經字公裳行七年三十閏九月初八日生

曾祖楫知州 祖九霄壽官 父仁夫 母袁氏

重慶下 弟廷綬 娶姚氏

陝西鄉試第五十二名 會試第三百七名

金志 貫浙江紹興府山陰縣民籍 國子生

治詩經字允立行六十一年三十七三月十三日生

曾祖寧 祖玘 父謐知縣 母茅氏

永感下 兄恕 愚 娶陳氏

浙江鄉試第六十名 會試第二百八名

余善繼 貫四川重慶府長壽縣民籍 縣學附學生
治春秋字伯賢行一年二十七三月初三日生
曾祖永壽 祖鍾藝(壽府) 父龍 母趙氏
具慶下 兄廷寵 弟能繼 可繼 娶謝氏
四川鄉試第三十一名 會試第三百十名

吳道南 貫河南汝寧府光州民籍江西豐城縣人 國子生
治易經字文在行二年三十一八月十二日生
曾祖世榮 祖權 父昭鳳 母金氏 繼母陳氏
具慶下 弟道明 娶蔡氏
河南鄉試第五十八名 會試第六十七名

楊載鳴　貫江西吉安府泰和縣儒籍　縣學生

治易經字虛卿行二年二十三十月二十三日生

曾祖昱太僕寺丞　祖雯　父訓教諭　母劉氏

具慶下　兄載芳　弟載賞　娶龍氏

江西鄉試第十五名　會試第一百名

沈鍊　貫浙江紹興衛軍籍麗水縣人　國子生

治易經字純甫行五年三十二九月初八日生

曾祖伯才　祖慶　父璧　母俞氏

具慶下　兄鎮　鏜　釧　弟鎬　鍾　鉌　鎰　鍔　娶徐氏

浙江鄉試第六十五名　會試第一百七名

李一瀚　貫浙江台州府僊居縣民籍　國子生

治詩經字源甫行四年三十四八月二十日生

曾祖良平　祖震　父鑺　母彭氏

具慶下　兄一灌　一浙　一潮　弟一沛　娶應氏

浙江鄉試第八十六名　會試第六十四名

洪恩　貫湖廣黃州府蘄州黃梅縣民籍　縣學生

治詩經字從仁行一年二十九十月十四日生

曾祖宇璇　祖晟知縣　父模貢士　母胡氏

重慶下　弟勲　逵　造　娶王氏

湖廣鄉試第三十六名　會試第四十七名

符驗 貫浙江台州府黃巖縣軍籍 國子生

治詩經字大克行百六十八年四十六八月十四日生

曾祖永廉 祖孚 父匡教諭 母金氏

永感下 兄璽 弟瓊 娶王氏 繼娶吳氏

浙江鄉試第七名 會試第八十八名

高謙 貫陝西綏德衛軍籍榆林衛人 國子生

治春秋字孔益行五年二十六七月十八日生

曾祖旺 祖毅百戶 父鸞府經歷 前母王氏 母張氏

慈侍下 兄奎百戶 儒百戶 科 第 娶時氏

陝西鄉試第四十六名 會試第二百三十九名

汝齊賢 貫直隸蘇州府吳江縣民籍 國子生

治詩經字懋思行三年三十八月二十五日生

曾祖思聰（兵馬司指揮） 祖仲器（贈吏部郎中） 父泰（知府） 前母郁氏（贈宜人） 母于氏（封宜人）

慈侍下 兄惟賢（州判官） 貢 贄 娶張氏

應天府鄉試第五十八名 會試第十二名

吳維嶽 貫浙江湖州府安吉州孝豐縣民籍 縣學生

治禮記字峻伯行五年二十五六月初四日生

曾祖玒（壽官） 祖松（封奉政大夫吏部郎中） 父麟（知縣前監察御史） 前母王氏（贈孺人） 長母方氏（封孺人）

重慶下 弟維川 維夏 維京 維城 娶臧氏

浙江鄉試第五名 會試第一百九十七名

萬虞愷 貫江西南昌府南昌縣民籍 國子生
治詩經字懋卿行九年三十四三月十三日生
曾祖景星 祖必昌 父廣載 母傅氏 繼母李氏
具慶下 兄虞詑 虞詩 弟虞瑞 虞鄉 娶蕭氏
江西鄉試第八十六名 會試第一百三十九名

茅坤 貫浙江湖州府歸安縣民籍 縣學生
治書經字順甫行二年二十七七月二十日生
曾祖剛 祖珪 父遷 母李氏
重慶下 兄乾 弟艮 益 應龍 大有 應虎 娶姚氏
浙江鄉試第十一名 會試第十三名

汪宗伊 貫湖廣武昌府崇陽縣軍籍 縣學生

治詩經字子衡行三年二十九正月十五日生

曾祖璉 壽官 祖藻 監生封南京戶部主事贈大夫 父文盛 母彭氏 封恭人

具慶下 兄宗元 宗堯 宗歆 宗舜 弟宗名 宗禹 宗南 宗光 宗本 宗式 宗揆 宗熙 娶蔡氏

湖廣鄉試第一名 會試第二十三名

馮璋 貫浙江寧波府慈谿縣軍籍 國子生

治春秋字如之行六十七年三十七七月十四日生

曾祖民 祖圖 父儁 前母張氏 母魏氏

慈侍下 兄禮 良貴 岳知府 弟節 娶陳氏

浙江鄉試第三十八名 會試第九名

林紳

貫陝西鳳翔府寶雞縣民籍　國子生

治書經字佩之行六年四十七九月十三日生

曾祖秀　祖虎贈知州　父恭知府　嫡母焦氏封恭人　生母張氏

永感下　兄經義官　綸監生　繼監生　緒監生　純　弟緯上林苑[illegible]　娶彭氏

陝西鄉試第三十九名　會試第二百七十名

順境

貫湖廣武昌府江夏縣軍籍　府學生

治詩經字履常行三年三十八四月十五日生

曾祖德昭　祖成美　父友剛　母順氏

慈侍下　兄鉉　錫　娶郝氏

湖廣鄉試第四十四名　會試第五十六名

李槃　貫湖廣岳州府澧州官籍四川內江縣人　國子生

治易經字新甫行三年三十六十二月初六日生

曾祖蕃（兵科左給事中累贈資政大夫太子少保兵部尚書兼都察院右副都御史）　祖宣（累贈資政大夫太子少保兵部尚書兼都察院右副都御史）　父振　前母馬氏　母程氏

永感下　兄棲　棠　軫（僉事　知州）　弁（百戶）　弟槩　松（光祿寺署丞）　娶張氏　繼娶陳氏

湖廣鄉試第二名　會試第一百十九名

李嵩　貫河南歸德衛軍籍陝西華陰縣人　歸德州學增廣生

治易經字子中行二年二十二正月初六日生

曾祖貴　祖通　父芳　母宋氏　繼母周氏

具慶下　兄崑　娶陳氏

河南鄉試第十七名　會試第八十六名

劉存德 貫福建泉州府同安縣民籍 縣學生

治易經字志仁行一年三十一十一月初六日生

曾祖弘淵 祖朝權 父恭 母葉氏 繼母林氏

具慶下 弟存業 娶葉氏

福建鄉試第四十六名 會試第四十五名

阮高 貫直隸保定府大寧都司官籍中衛人 國子生

治詩經字思抑行二年二十九二月初一日生

曾祖璠（都指揮使） 祖洪 父泰 母李氏

慈侍下 兄登 娶李氏 繼娶尹氏

順天府鄉試第十一名 會試第二百二十九名

游震得　貫直隸徽州府婺源縣民籍　國子生
治易經字汝潛行二年三十四十月初五日生
曾祖敬寬壽官　祖侃　父泰亨　前母程氏　母汪氏
慈侍下　兄蒞得　弟再得　三得　壯得　同得　明得　後得　娶詹氏
應天府鄉試第八十八名　會試第三十五名

杜汝楨　貫四川順慶府南充縣民籍　國子生
治詩經字公寧行三年三十六六月初七日生
曾祖明府經歷　祖華長史　父統府通判　母任氏
具慶下　兄齊　汝楫　冕　漢　濟　弟果　汝幹　娶楊氏　繼娶嚴氏
四川鄉試第四十八名　會試第九十二名

盛唐

貫浙江嘉興府嘉善縣民籍　國子生

治詩經字原陶行一年三十十月十五日生

曾祖完　祖莊　父奎　母沈氏

具慶下　弟賡　娶戴氏

浙江鄉試第六十名　會試第九十八名

李遇春

貫直隸蘇州府常熟縣民籍吳縣人　國子生

治詩經字時芳行三年三十八月二十四日生

曾祖邕　祖梗　父乾　母杭氏

具慶下　兄應春省祭官　秀春　娶蔣氏

應天府鄉試第八十七名　會試第一百七十名

鄭直

貫山東兗州府東平州軍籍　州學生

治詩經字子敬行一年二十八十二月十七日生

曾祖觀 布政使司理問贈戶部主事　祖倫　父維垣 通判　母李氏　繼母梁氏

重慶下　弟立 監生　室　鑒　童　登　娶徐氏

山東鄉試第三十名　會試第二百五名

坑進良

貫直隷保定府安肅縣民籍　山西安邑縣學教諭

治詩經字汝率行三年四十四九月二十八日生

曾祖恭　祖奉　父大綱 縣主簿　母閻氏

具慶下　兄進賢　進善　弟進臣　進言　進道　進友　娶李氏　繼娶郭氏　李氏李氏

順天府鄉試第九十二名　會試第三百十二名

馮惟訥

貫遼東廣寧左衛軍籍山東臨朐縣人 國子生

治詩經字汝言行五年二十六六月十九日生

曾祖春 祖振贈南京戶部署郎中事員外郎 父裕按察司副使 母伏氏封宜人

具慶下 兄惟健貢士 惟重同科進士 惟敏貢士 弟惟直 娶熊氏

山東鄉試第五十六名 會試第一百二十三名

許東望

貫山東平山衛旗籍直隸宿松縣人 國子生

治易經字應魯行五年三十閏九月初一日生

曾祖宏贈知縣 祖麾太僕寺寺丞 父堯引禮舍人 母田氏

永感下 兄東陽監生 東曙義官 東迎監生 東華總旗 弟東聚 東作義官 東漸 東光義官 娶沈氏

山東鄉試第四十三名

會試第二百五十三名

縣學附學生

胡宗憲

貫直隸徽州府績溪縣民籍

治書經字汝欽行一年二十七九月二十六日生

曾祖若川 壽官 祖崑 義官 父尚仁 母方氏

具慶下 兄宗廣 弟宗廷 娶章氏

應天府鄉試第一百名 會試第八十四名

蕭軾

貫江西吉安府吉水縣民籍 國子生

治易經字仲敬行五年三十一五月十六日生

曾祖世禎 祖延通 贈刑部主事 父曉 按察司副使 母楊氏 封安人

具慶下 兄幹 弟轍 貢士 娶胡氏

江西鄉試第八十一名 會試第一百七十七名

諸敬之　貫浙江紹興府餘姚縣民籍　縣學附學生

治易經字守禮行三年三十二正月二十七日生

曾祖琳　祖永言　父巽　母徐氏

重慶下　兄桂　弟學之　娶王氏

浙江鄉試第三十四名　會試第一百九十九名

譚大初　貫廣東南雄府始興縣民籍　府學生

治詩經字宗元行二年三十五九月三十日生

曾祖遜縣丞　祖昇　父驥訓科　嫡母劉氏　生母劉氏

慈侍下　兄大中訓科　娶陳氏

廣東鄉試第七十五名　會試第二百四十六名

徐鶴齡

貫浙江杭州府海寧縣軍籍　府學增廣生

治易經字仁甫行一年三十一正月二十六日生

曾祖慶　祖蘭　父文卿（冠帶生員）　母王氏

重慶下　弟鶴翔　鶴鳴　鶴山　鶴年　娶沈氏　繼娶孫氏

浙江鄉試第五十九名　會試第二百四十七名

萬文彩

貫雲南臨安衛官籍江西南昌縣人　國子生

治詩經字國華行二年三十二三月十一日生

曾祖俊　祖昂　父祚齡　母賈氏

慈侍下　兄言象（貢士）　文奎　弟文光　娶何氏

雲貴鄉試第三十一名　會試第一百八十二名

邵楩

貫浙江杭州府仁和縣民籍 國子生

治易經字良用行三年三十六二月三十日生

曾祖惟政 贈文林郎大理寺評事 祖琮 按察司副使進從三品階 父昺 母陳氏

嚴侍下 弟楷 椿 槐 桂 桐 檟 榴 梓 娶趙氏

浙江鄉試第五十一名 會試第一百九十二名

李儁可

貫直隸廣平府清河縣民籍 國子生

治詩經字子與行一年三十五正月初三日生

曾祖祥 祖璽 父隆 母閻氏

具慶下 弟學可 許可 娶張氏

順天府鄉試第三十一名 會試第一百二十七名

羅崇奎 貫江西南昌府南昌縣民籍 國子生
治易經字子文行八年三十一五月十三日生
曾祖九錫 義官 祖賁任 父大輔 母賈氏
慈侍下 兄崇貞崇進弟崇信崇審崇簡崇明崇震娶徐氏
江西鄉試第二十一名 會試第二十七名

陳珂 貫直隸涿鹿左衛官籍順天府薊州遵化縣人州學附學生
治書經字仲聲行六年二十八七月二十四日生
曾祖玉 昭勇將軍指揮使 祖廣 昭勇將軍指揮使 父淵 戶部員外郎 母郭氏 贈安人
永感下 兄珮 昭勇將軍指揮使 瑞 七品散官 琇 七品散官 弟現璜瑤珙 娶王氏
順天府鄉試第一百五名 會試第一百八十三名

孟養性 貫山東濟南府齊河縣民籍 縣學生
治詩經字存甫行一年三十十一月十九日生
曾祖昉 祖璉 父宗儒監生 母楊氏
嚴侍下 娶趙氏
山東鄉試第四十四名 會試第一百九十八名

阮朝策 貫湖廣黃州府麻城縣民籍 國子生
治春秋字子定行七年三十八月十八日生
曾祖剛縣丞 祖大用壽官 父圭贈户部主事 前母賀氏 母蔡氏贈安人
永感下 兄朝陽貢士 朝東按察司提學副使 朝南 朝端 朝立 朝隨貢士 朝士 朝儀 朝倫 朝衙 朝仁 朝任 娶梅氏
湖廣鄉試第八名 會試第一百十名

周山

貫直隸常州府武進縣民籍　國子生

治詩經字子仁行一年四十八十二月十二日生

曾祖仲傑　祖昱　父榮　母吳氏

慈侍下　娶徐氏

順天府鄉試第一百二十八名　會試第二百六十名

張雨

貫江西吉安府萬安縣民籍　國子生

治易經字惟時行一年二十七正月初七日生

曾祖守約　祖資雲義官　父士優　母廖氏

重慶下　弟霆　霄　霑　霽　娶劉氏

江西鄉試第二十四名　會試第二十二名

歐思賢

貫順天府薊州民籍福建連江縣人 國子生

治書經字希甫行五年三十五十月初七日生

曾祖寶 贈戶部郎中 祖俊 父弘悳 府通判進階承德郎 母孟氏 封安人

具慶下 兄思廉 義官 思誠 大理寺右寺副 思孝 弟思齊 義官 思法 思亮 思遷 娶賈氏

順天府鄉試第六十名 會試第二百六十二名

楊皆

貫福建興化府莆田縣民籍 府學生

治詩經字同卿行十九年三十二閏正月十三日生

曾祖祭 贈奉直大夫吏部員外郎 祖瓚 布政使司左參政 父褒 母翁氏

慈侍下 兄會 晳 曹 娶林氏

福建鄉試第六十五名 會試第三百五名

荆應春 貫河南懷慶府武陟縣軍籍 國子生

治易經字子元行二年三十四十一月二十二日生

曾祖欽 義官 祖鑾 壽官 父華 母趙氏

具慶下 兄應節 弟應夏 應秋 應冬 娶王氏

順天府鄉試第五十二名 會試第六十九名

李寵 貫湖廣黃州府麻城縣民籍 國子生

治春秋字元勳行二年三十三月初五日生

曾祖喜芳 衛知事 祖瀅 父文玉 冠帶生員 母劉氏

具慶下 兄永 指揮官 弟寀 揀 楩 樂 娶鄒氏

湖廣鄉試第三十八名 會試第二百二名

王堯日 貫河南開封府歸德州鹿邑縣民籍 國子生

治詩經字明時行三年三十七三月十二日生

曾祖智衛經歷 祖紀 父淙典寶 母曹氏 繼母羅氏

嚴侍下 兄堯春 堯年 弟堯時 堯臣 堯節 娶完氏

河南鄉試第九名 會試第一百七十三名

魏夢賢 貫浙江紹興府山陰縣民籍 國子生

治詩經字良輔行十年三十九十二月十三日生

曾祖達 祖英 父淳 前母王氏 母朱氏

具慶下 弟夢卜 娶朱氏

浙江鄉試第七十四名 會試第七十五名

谷嶠 貫直隸興州前屯衛官籍河南息縣人 國子生
治易經字惟升行一年三十二月二十三日生
曾祖亮 指揮僉事 祖湧 父邁 母董氏
具慶下 弟鑾 娶楊氏
順天府鄉試第二十二名 會試第三百三名

温新 貫河南洛陽中護衛官籍山東鄒縣人 國子生
治詩經字伯明行一年四十八三月十二日生
曾祖全 指揮同知 祖厚 指揮同知 父勝 指揮同知 母王氏 封淑人 繼母張氏
慈侍下 弟秀 知州 習 娶王氏
河南鄉試第二名 會試第三百十六名

張玶　貫直隸河間府景州東光縣民籍　縣學生
治詩經字子珍行一年三十四六月十九日生
曾祖薦　祖安　父慶　母息氏
永感下　娶王氏　繼娶莊氏
順天府鄉試第一百十四名　會試第八十二名

朱鵾　貫廣西桂林府陽朔縣民籍　國子生
治易經字秉直行九年三十二正月初一日生
曾祖龍光　祖經府經歷贈戶部員外郎　父璋監生　母容氏
永感下　兄鵷知縣　鵬知縣　鷺　鷃監生　鵾　鴻　鸞　鶉　娶王氏
廣西鄉試第二十名　會試第一百十七名

尹綸

貫山東濟南府齊河縣民籍德州人 國子生

治詩經字汝漁行四年三十九正月十八日生

曾祖進 祖欽 父天章巡檢 母王氏

嚴侍下 兄溏 潮 涇 娶李氏

山東鄉試第二十一名 會試第二百五十五名

林大有

貫廣東潮州府潮陽縣民籍 國子生

治書經字端時行一年二十四正月二十日生

曾祖永恩 祖縉綬 父惠 前母趙氏 母范氏

具慶下 弟大壯 大畜 娶蕭氏

廣東鄉試第六十名 會試第二百三十五名

王崇義 貫山東濟南府淄川縣軍籍 國子生
治詩經字子由行四年三十閏九月十六日生
曾祖俊 祖振 父逵 母曾氏 繼母曹氏
具慶下 兄崇德 崇儒省祭官 崇仁 弟崇文 崇學 崇化 娶許氏 繼娶劉氏
山東鄉試第十六名 會試第一百二十九名

汪栢 貫江西饒州府浮梁縣民籍 府學生
治易經字廷節行二十九年二十六二月十三日生
曾祖文琦 祖鈞 父泗 母張氏
具慶下 兄櫕 札 松 林 弟梧 栗 枰 娶鄭氏
江西鄉試第十六名 會試第一百二十六名

王大平　貫山東青州府安丘縣民籍　縣學生

治易經字象行四年二十八十月十七日生

曾祖振　祖伯成　父王　母李氏

具慶下　兄大化　大任　大均　弟大治　大雍　大熙　大臬　大命　娶黃氏

山東鄉試第十六名　會試第二百六名

陳應魁　貫福建興化府莆田縣民籍　府學附學生

治書經字孚元行五年十九正月初二日生

曾祖瑜監生　祖鍾府同知　父淮冠帶生員　母雍氏　生母楊氏

重慶下　兄在邦　在科聽選官　在賢　在田　聘鄭氏

福建鄉試第二十九名　會試第二百八十四名

杜拯

貫江西南昌府豐城縣軍籍 縣學附學生

治詩經字子民行二百四年二十四月二十五日生

曾祖叔賓 祖玉環 父士希 母游氏

重慶下 弟抃 拙 撰 擢 揚 揭 聘鄒氏

江西鄉試第二十三名 會試第七十一名

王心

貫直隸龍江右衛軍籍浙江定海縣人 國子生

治易經字惟一行二年三十八七月十四日生

曾祖敬祥 祖雷 父浩 母楊氏

慈侍下 兄言 娶張氏

應天府鄉試第三十一名 會試第二百六十七名

徐文亨

貫遼東定遼後衛官籍江西餘干縣人 國子生

治書經字道行行二年三十四十月十三日生

曾祖伯迪百戶 祖昂贈百戶 父淵 母萬氏

慈侍下 兄文賢 文方 弟文貞 文中 文和 文徵 娶王氏

順天府鄉試第一百十三名 會試第三百四名

牛沈度

貫河南南陽府葉縣民籍 國子生

治書經字玄範行一年四十四五月二十六日生

曾祖麟 祖鐸贈吏部郎中 父鳳贈南京太常寺卿 母任氏封宜人

具慶下 弟沈裕貢士 娶李氏 繼娶李氏

河南鄉試第三十九名 會試第二十八名

宋惟元 貫浙江紹興府餘姚縣竈籍 國子生

治春秋字以貞行四年四十二五月初七日生

曾祖廷芳 贈都察院右副都御史 祖璉 壽官 父軒 典史 母王氏

嚴侍下 弟惟性 惟奎 惟新 惟幾 娶陳氏 繼娶胡氏 許氏

浙江鄉試第九名 會試第二百十三名

皇帝制曰。朕聞立天之道。曰陰與陽。立地之道。曰柔與剛。立人之道。曰仁與義。三才之道一而

已。何又看去義爲

論乎。於是未免賢

者自相私反。必如

聖經而後可。且今

人尤大非賢者及。

人君纔一用義。即
謂嚴刻。乃作言曰。
上任刑以為治。非
三代之治也。卻一
不之反於己。三代

之人皆人也。不待
義臨。而自持惟恐
放侈。令之人。果三
代之同轍。將欲利
之是貪。慾之是縱。

國而罔恩。民而罔
恤。以至於上下禮
度悉不之慎。爲之
君人者可不一教
一治之。是非當否。

抑果當乎。朕祗承
天位。惟民是保。何官
人者。比比皆負國
虐民之圖。奚為用
哉。爾多士。師孔子

之學。必心孔子之
心。將此心之平正。
陳為篇列。以除弊
革私之道。衍為仁
育義斷之方。以告

我勿諱勿欺朕覽
之

嘉靖十七年三月十五日

臣茅瓚

臣對臣聞帝王之御臨天下也内必有敬天之心而外必有憲天之政夫天者理之原也人君代天理物故其所行必求端於天天之道雖廣博而難終窮神妙而不可測而其端不過有二曰陰與陽而已矣陽居大夏以長育爲事有剛道焉王者繼天而爲之子則用仁而凡爲慈愛爲謙屈無非仁之統體矣陰居秋冬以肅殺爲事有柔道焉王者繼天而爲之子則用義而凡爲果斷爲裁制無非義

之散殊矣故天道運而無所積帝德運而無所私以此存之於中是謂敬天純王之心也以此發之於事是謂憲天純王之政也合心與政皆純乎天夫是之謂格天之治而堯舜禹湯文武由此其選也奚獨三代之治爲然乎欽惟

皇帝陛下禀剛健中正之資備文武聖神之德自即位以来信賞必罰威行如雷霆發姦摘伏明照如日月對時茂育容保如

天地蓋粹乎斯道之中而建維皇之極者也臣也

竊伏草茅遜被
治化久矣乃者叨有司之薦得以與於
大廷之對而
清問及焉永惟聖經之言而有取於仁義並行
之道既而有慨於庶官之罷而欲以兼夫治
教之法且冀臣等以除弊革私之道爲仁育
義斷之方而
戒之以勿諱勿欺也顧臣之愚陋何足以仰裨
休德之萬一乎雖然有所言而不實是之謂欺
則上負

陛下矣有所言而不盡是之謂諱則下負所學矣
上負
天子下負所學疇昔之所自許者謂何
朝廷之作養者謂何而可如此也臣敢披攄衷
悃就
陛下之所問及者而條陳之
陛下試垂聽焉臣惟天下之道有經有權經也者
一定而不可易者也權也者或相兼以適其
宜或相濟以補其所不及者也人君撫輿圖
之廣臨兆民之衆天下之所恃以立命者也

苟一於義則威之太震民畏之而不敢親一於仁則惠之太褻民狎之而不知敬是仁之與義猶天之有陰陽而不容以或偏也　臣故曰道之一定而不可易者也然德教以象天之生育仁矣而義者未嘗不防之於中刑戮以象天之震撼義矣而仁者未始不貫乎其內是仁義之交相爲用猶陰陽之互爲其根

臣故曰道之相兼以適其宜也然天下之勢有強弱而人君之政有德與刑乘弱之後者利用威而乘強之後者利用惠此其斟酌操

縱之間循之天道之雨以潤而日以暄雷以動而風以散既成萬物而人莫窺其神臣故曰道之相濟以補其所不及者也是故仁義之為道也一定而不可易者以立天下之經或相兼以適其宜相濟以補其所不及者以達天下之變稽之於聖經驗之於往古何莫不然彼其去義以為論專任德而不用刑者何其失之偏乎 臣伏讀

聖制之篇而有以辨人言之為妄矣人之言曰人君纔一用義即謂之嚴刻任刑非三代之治

臣愚以爲用義之與嚴刻任刑不同也既曰用義則不可謂之嚴刻任刑曰嚴刻任刑則不得謂之用義人君之於天下何容心哉視其理之所宜而已矣苟於義所當用則雖殺人而不可謂之嚴雖致人於死而不得謂之刻蓋以義之爲道當如是也至謂用義非三代之治此尤非所謂知理者臣不暇遠引泛取即以三代之事明之禹之承舜也先罰後賞以示威湯之革夏也申代誓衆以張武而文武之繼啟也驅除元惡殲滅暴國以救民

故夏有禹刑商有湯刑周有甫刑三代之得天下雖曰以仁而未嘗專倚於仁有義以濟其仁之所不及也後世事不師古遂以爲三代之治純用德而不用刑何失之遠歟是故不朝者賜之几杖受賂者媿之金錢言寬仁者莫如漢之文帝矣然姑息成風乾綱罔斷故不再傳而有指大如股脛大如腰之患刑以不殺爲威財以不蓄爲富言仁厚者亦莫如宋之仁宗矣然聲容盛而武備衰議論多而成功少故不再傳而有派言道路變令推

恩之譏夫二君則漢宋之良也一於仁而不義而其流弊猶不免有如此者若是而謂三代之專於任德後世之專於任刑可乎不可乎由是觀之三代之所以治隆俗美者以其仁義之並用內有敬天之心而外有憲天之政也後世之所以不古若者以其仁義之或偏而不能審時以度勢其於天也或褻焉而不知敬或悖焉而不知法也我

太祖高皇帝承元人積弊之後故其所以

創制立法者大率以嚴爲本及天下已定又戒

聖子神孫不得復用國初之典是其仁義之並行
剛柔之相濟其所以察乎天人之際審乎消
息之宜而爲萬世慮者深矣但
國家承平日久重熙累洽民志日趨於玩愒事
體日廢於因循蓋自正德以來茲弊極矣肆
陛下入繼
大統始振起而一新之故自
臨馭十有七年以來革者故鼎者新蟄者奮困
者蘇天下欣欣咸覩太平於有象矣而
陛下猶有歉於官人者負國虐民若追羨於三代

之英而未之逮者臣愚以爲雖堯舜在上不
能無小人此在君人者馭之得其道耳馭之
之道臣前所謂仁義之並用者是也蓋嘗間
之法禁之不行自上犯之也而小民之所以
敢爲非義者庶官之貪頑者啓之也今天下
之大其在於
朝廷輦轂豈無有秉義竭忠之臣然而違上所
好朋家作仇者未盡無也其在於百工庶府
豈無有亮采惠疇之臣然而背權相滅誣上
行私者未盡無也其在於都邑藩省豈無有

旬宣和惠之臣然而違道干譽尸祿養望者未盡無也甚者削民之膏脂以肥其家竊君之榮寵以張其勢掠衆之美以示其恩恣己之私以敗其度者未盡無也

陛下尊禮大臣愈久益親體悉羣臣有隆弗替其於股肱之良而謨明弼諧者固嘗撫之以恩而勸之以禮矣而於此不悛之徒明罰勑法懲一以警其百是猶春陽之後而震之以雷雨之威天下方將感

陛下之仁而畏

陛下之法奚爲而不可行乎雖然處今之時勢而
義之所當用者非獨一馭臣爲然也夷狄跳
梁而横於西北則薄伐之師不可以不整也
庶民僭越而擬於王章則奢汰之禁不可以
不嚴也軍旅疲獘而闕於勇敢則簡閱之令
不可以不怒也凡若此者要皆以精明之治
而敦夫渾厚之體以立君道之紀綱以濟
中興之盛業道莫有先於此者矣抑臣又聞之
仁育而義正者王者之政也所以主是政者
心也故必有純王之心斯有純王之政而憲

天之政謂非有敬天之心不可也臣嘗莊誦
陛下敬一之箴而有以知
陛下之心直可以質諸
天地而無疑也有德弗敦是違天之所喜矣敢不敬歟有惡弗懲是逾天之所怒矣敢不敬歟以此常存於心兢兢業業罔敢失墜夫然後以達於政也仁足以育天下而天下莫不歸於仁義足以正天下而天下莫不彊於義憲
天之政由是而會其全格天之功至是以要其極矣雖然敬亦未易言也隱微之間真安

錯雜毫釐之差千里之繆茍辨察之功不愆於幾微持守之力不繼於厥服則人得以勝天欲得以奪理又惡知其爲仁而在所當體惡知其爲義而在所當用也哉故曰勿參以三勿貳以二行顧其言終如其始靜虛無欲日新不已然則

陛下之言固可謂能自得師者矣除獘革私之道仁育義斷之方豈外此而他求乎哉臣始以仁義並行之道爲

陛下告終以主敬協一之功爲

陛下勉初非有驚世可喜之論然直意
陛下以言求士而臣之所以獻言於
陛下者惟以明諸其心上不敢負
明問下不敢負所學而已惟
陛下矜其愚不錄其罪而
留神採納焉臣不勝惓惓隕越之至臣謹對

臣羅珵

臣對臣聞人君法天以爲治有仁以育天下必有義以裁天下夫天之於物也有春生必有秋殺有長養必有歛藏非有心於物也公而已矣不如是不足以爲天之道也人君宰制天下嚮明而治所以成一統之治繫四海之心者亦惟法天之公而已矣是故慶賞爵秩懋官懋祿所以奔走天下之豪傑仁以爲治猶之天之於物春以生之也威嚴以督責教戒而懲創所以振起一時之怠惰義以爲

治猶之天之於物秋以止之也故一於仁則流於姑息其失也則縱一於義則流於苛刻其失也則嚴仁義並用恩威兼舉久安長治不外是也然仁義之爲施雖殊而君人之爲心則一是故父母之於子也撫摩而鞠育之愛也勞苦而鞭策之亦愛也知天之於萬物之心則知父母於子之心矣知父母於子之心則知人君於臣之心矣故曰父母愛之喜而勿忘父母惡之勞而無怨又曰惟天聰明惟聖時憲唐虞三代所以成雍熙悠久之治

者仁義無偏舉之弊也漢唐宋所以治不古若者或一於仁或一於義均之各有所失也欽惟

皇帝陛下剛健純粹之資高明光大之學仁以育萬民而天下皆覆冒於陽春嫗煦之內義以正萬民而天下皆震悚於風行電刷之餘道洽政治大法小廉一十七年于茲矣乃謂承平既久玩愒或生慨然欲興起而振刷之萬幾之暇進臣等于

廷而

賜之清問臣有以知
陛下之心即天地之於物父母之於子也臣雖至愚陋敢不摭拾所聞以對乎夫世之稱極治者曰唐虞曰三代然稽諸往牒考之前聞則其治道班班可見故稱堯曰其仁如天稱舜曰其德好生固也然而四凶之誅三苗之伐其於義未嘗偏廢也稱禹曰文命四敷稱湯曰德及禽獸稱文武曰仁學立國固也然五刑之用五罰之訓八刑之糾其於義亦未嘗偏廢也雖曰不賞而民勸不怒而民威未施

信而民信未施敬而民敬而威克愛克剛堯
柔克威福予奪抑揚進退一張一弛以撫世
酬物者固未嘗得此而失彼舉一而廢一也
故天有陰而無陽則所以覆萬物者或幾乎
息矣地有柔而無剛則所以載萬物者或幾
乎息矣君人者仁而不足於義何以贊天地
之化育以並立而爲三哉傳曰刑罰不可弛
於國征伐不可弛於天下鞭朴不可弛於家
彼以去義爲言是豈知治體之所尚乎又有
王者尚德緩刑之說聖人遭時定制之說是

曲儒之偏見而不知聖人爲治大中至正之道也夫人之情大抵樂放肆而惡撿束喜便安而厭準繩不知人君所以馭臣下者仁與義而已矣仁非姑息之謂也所以結其心也義非慘刻之謂也所以閑其邪也三后成功惟殷于民士制百姓以教祗德穆穆明明惟德之勤率乂于民以棐其彝古之聖帝明王豈不欲與天下相安於無事哉知天下之君子固常多而小人亦不少知天下之慕仁者固常多而不畏義者亦不少故仁義並用威

惠並舉仁以主之義以輔之惠以維之威以懾之無偏而不全之敝固不一於仁而忘乎義也有兼而並用之美固不專乎威而弛乎惠也唐虞尚矣夏之四百商之六百周之八百且過其歷何莫而不本於此哉是雖三代之人心忠信誠慤而三代之英君誼辟所以維持天下之具防範人心之道者則一言以蔽之曰仁與義而已矣臣嘗觀之天下之日趨於變也猶江河之日趨於下也然挽而回之其機端有在也我

皇上勵精圖治風勵天下大小臣工奉承
休德百工既已惟時庶績既已惟凝軼唐虞三
代而侔德
祖宗矣而恬嬉之念猶不忘焉
聖策之所慮臣不敢謂其必無也是故廉恥之道
或喪而利之是趨剛介之節或渝而慾之是
縱室家之念繫而國或罔念矣囊橐之心横
而民或罔恤矣上下紀綱慫而不修
國之禮度其何賴焉
宵旰勤勞視民如子而司民牧者恬不加意此

聖慮所以惓惓而不能已也臣惟斯民也三代之
所以直道而行也臣願
陛下憲天聰明明示意嚮務令天下改絃易轍獎
恬退以勵士風抑奔競以端習尚則素絲羔
羊之節著而惟利是貪者無足慮矣清介自
持者必錄貪墨自汚者必擯則琴鶴自隨之
士見而惟慾是縱者無足慮矣公爾而忘私
國爾而忘家何有於國之罔念乎恫瘝之在
乃身饑寒之切其體何有於民之罔恤乎至
於上下禮度則我

祖宗之成憲異代如見我
皇上之制作萬世不刊申戒所司各遵彞則上下
有章而民志定矣貴賤有等而
朝廷尊矣否則天冠地屨之分森不敢犯者彼
將何可逃哉其馭民也令其不以催科先撫
字不以繭絲先保障而凡負國虐民者擯而
棄之終身不齒則龔遂卓茂之輩寇恂黃霸
之徒民受其福
國承其休矣否則以私滅公之法凜不容逭者
彼將何所贖哉只臣所願于

陛下者固非欲一於義而棄乎仁也亦非欲一乎
治而忘乎教也皋陶曰天命有德五服五章
哉天討天罪五刑五用哉其子曰惟辟作福
惟辟作威
陛下之深仁厚澤至恩美意固已淡民肌膚淪民
骨髓矣然所以行乎義者正所以濟乎仁也
所以正之者正所以教之也仁與義並行而
不悖治與教兼舉而無遺上有道揆而下有
法守臣惟欽若而民惟從又唐虞三代之休
復見於

今日功光
祖宗德流
後裔矣而何有於用義嚴刻任刑爲治之虞乎
惟
陛下一轉移之間而天下皆已改觀易聽洗心滌
慮矣俄頃
功化神速如此抑臣學於孔子而有聞焉孔子
曰政寬則民慢慢則糾之以猛猛則民殘
殘則施之以寬寬猛相濟政是以和又曰張
而不弛文武不爲也弛而不張文武不爲也

一張一弛文武之道也此在
今日除弊革私之道仁育義斷之方無有出於
是焉臣不敢漫爲臆說干瀆
聰聽伏惟
陛下採而行之抑臣於篇終尚有
獻焉臣愚又聞之曰爲治之道仁可過也義不
可過也夫天以春夏成萬物而長用於生育
長養之地以秋冬止萬物而常積於空虛無
用之地孔子曰導之以政齊之以刑民免而
無恥道之以德齊之以禮有恥且格孟子曰

善政不如善教之得民也善教民愛之善教得民心故稱舜德之罔愆者必曰宥過無大罪疑惟輕又曰欽哉欽哉惟刑之恤夫聖人制刑特以為輔治之具而期于無刑則又聖人之初意也伏覩

陛下必如舜之眚災肆赦德洽民心必如湯之開釋無辜亦克用勸必如文之懷保小民敬明乃罰寬而有制從容以和立精明之治功存渾厚之治體於整齊嚴肅之中寓曲成造就之意則天下幸甚

宗社幸甚臣草茅賤士不識忌諱干冒
宸嚴無任戰慄之至臣謹對

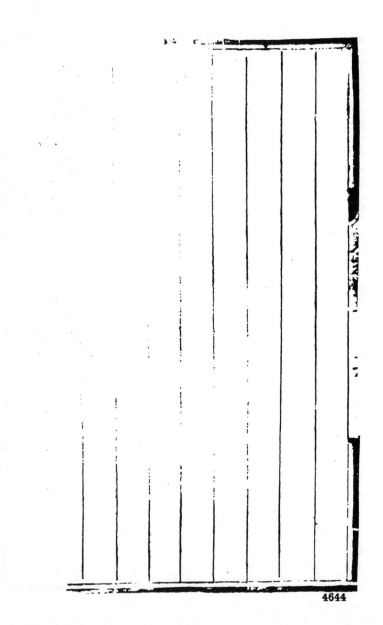

臣袁煒

臣對臣聞聖王之弘化於天下也有乎天之德而仁義之具也無所偏有憲天之政而治教之行也無所悖夫不偏而後德之本諸身者見中正之軌不悖而後政之達諸民者見皇極之敷德焉中正而乎天之妙盡之矣政焉皇極而憲天之道盡之矣夫是以育諸仁而天下莫不循其教以為勸斷諸義而天下莫不順其治以為懲紀綱理而庶官以貞人心正而風俗以美精純和粹之化不亦四達

而大同乎治古之君有見於此其蘊之而爲德也仁義未始不相須其發之而爲政也治教未始不相濟是故當時之人咸知夫君之有所愛者固所以仁天下而其有所不愛者亦所以仁天下圄不洗心滌慮防貪窒慾而在位者皆廉吏在野者皆良民斂德以從乂時雍而迓衡治古之化迥乎弗可及也已矣三代以還是說不明乎天之德既荒憲天之政亦敝偏於仁以敷教者不免於因循怠弛之病偏於義以飭治者或罹夫嚴刻苛切之

従此所以惠褻而教衰刑肅而俗獘寵賂章
於有位禮義潰於匪彝而化理之所成者終
不能登之於古也欽惟
皇帝陛下天縱之資既有以過乎仁義之懿而日
躋之敬又有以慎乎刑賞之權惠行而天下
欣戴威發而海內震慄廉恥達於君子信義
行於小人中興之治固有咸五登三而陋漢
唐宋於不居矣然猶慮仁恩之過或足以長
淫縱破義之風而德教之專不能無刓敝不
振之患乃進臣等於

廷降
賜清問而咨以除弊革私之道仁育義斷之方
是將以明作之功濟惇大之裕使天下回心
而嚮道也臣濡沃
陛下仁義之澤範圍治教之中蓋有年矣敢不掇
拾所聞以對揚
休命於萬一乎臣竊惟天道運於上而萬物資
始者陰陽之相禪也地道運於下而萬物資
生者剛柔之相濟也使天地有陽而無陰有
柔而無剛則化生形色何自而各正性命也

哉夫天地者人君之父母也人君者天地之子也人君繼天地而為之子則任德以行吾之仁而類其生殖長育任刑以行吾之義而類其震曜殺戮者信乎可相有而不可相無矣古今帝王未之有改故如天之仁好生之洽堯舜之所以仁天下也而四凶之誅有苗之北未嘗不裁之以義焉文命之敷兆民之殖咸和之施三王之所以仁天下也而升陑之師密黎之戡亦未嘗不治之以義焉司馬遷曰教笞不可廢於家刑罰不可弛於國甲

兵不可偃於天下蓋害義之所以戕乎仁也刑之所以弼乎教也彼去義之論宋儒容或有見而折諸聖經三才之旨不亦失於偏乎是何也人君之為國也有元氣有神氣深仁厚澤優游而浸灌焉者所以培元氣也明罰勑法果敢而奮厲焉者所以作神氣也傳曰昭我王度式如玉式如金其是之謂乎說者徒以漢文之玄默足以措刑而漢宣之嚴毅祗以開釁宋仁之恭儉足以延祚而神宗之厲精適以滋亂遂謂義之可去而刑之不必

任也而豈知所謂獨陽不生獨陰不成者乎
是賢者之言不免於私反而聖人之經信百
王不易之軌矣臣又伏讀
聖策曰今之人大非賢者及人君纔一用義即為
嚴刻乃作言曰上任刑以為治非三代之治
也却一不之反於己三代之人皆人也不待
義臨而自持惟恐放侈今之人果三代之同
歟至哉
皇言真足以破世俗之見而啓復古之機也盖以
三代之君仁漸義染禮陶樂淑而所以化導

乎天下者固不專恃乎刑罰之加然淫用匪
彝率忌弗協者未始不繩之以法故夏有官
刑商有湯刑周有祥刑皆所以賛吾德教之
所不及也謂任刑為三代之治固不可謂三
代之治去乎刑豈得為通論哉又況政教章
明人心丕式不臨之以義而莫非畏義之士
不迫之以刑而皆切懍刑之心貴名檢而賤
放侈重節行而惡貪叨三代之人固不可得
而訾也已然臣竊因是而疑焉
陛下臨御以來十有七年于茲仁以育之而被其

渾者廣博而深厚義以斷之而服其明者遷
善而敏德是宜洒濯其心明徵其度在位者
勵周官之六計而臨民者畏楊震之四知利
不貪而純心以報
國慾不縱而苦節以厚民羔羊之風上匹乎周
而闔郡不舉之恥下刷乎漢可也而何怙
天子之仁而不知檢之以義褒寬之鹿未見其瘞
也而儲椒如元載者不能無羊續之魚未見
其懸也而耀幃如王愷者不能免清介如趙
抃不多得也而罔不酌貪泉以自獎儉素如

楊綰未之有也而莫非欲竭澤以為漁上負
君國而弗之悟下瘵民生而弗之卹吏治如此烏
足以臻三代之化哉夫直道無間於古今而
斯民可追乎三代古以義今以利貪古以理
今以慾縱是豈三代終不可企乎無亦
陛下之所以教之者純乎仁而所以治之者未盡
斷以義歟夫吏以贓敗則終身不齒於縉紳
政以賄成則祿位不甄於清要古之所以訓
廉者如此也
陛下誠能不循姑息不撓權貴清操自厲者擢以

不次之位貪墨不法者加以不貸之刑則賞
罰以公功罪以當吏治不有瘳乎
國之與民不亦具有賴乎臣又伏讀
聖策曰朕祗承
天位惟民是保何官人者皆負國虐民之圖奚爲
用哉嗚呼
陛下興言及此寔天下生靈之福也
宗社無疆之休也在昔臯陶之謨曰在知人在安
民知人則哲安民則惠此論官理民之所必
稽也臣觀

陛下踐祚以來孜孜保民精選舉以公入仕之途
嚴考課以杜冗官之弊而又裁抑僥倖之風
痛懲奔競之習科目必得乎真才銓曹必核
其實行凡所以慎於知人而篤於安民者無
弗詳且密也而吏不廉平一至於此
陛下何賴於斯人而用之哉則夫制爲祿位以勸
其從嚴斷刑罰以威其淫如丘明之所載者
可行也辨賢否以別忠邪之分核功罪以公
賞罰之施如荀悅之所論者可行也不然官
之失德寵賂章也國家之敗由官邪也僖伯

之言可鑒矣夫勑刑以懲貪正義以防慾固
陛下以孚天之德達憲天之政矣然化裁必本於
身而推行當自於近何者後宮有大練之飾
則天下以紈綺為羞大臣有脫粟之節則天
下以膏粱為愧
陛下惟懷永圖慎乃儉德自宮闈而達之
朝廷自朝廷而達之天下則清化行而人皆浴
德大義孚而士皆惇節孰肯自陷於簠簋不
飾之地以上負吾
君下虐吾民也哉然

聖策之終策臣等曰爾多士師孔子之學必心孔
子之心將此心之平正陳爲篇列以除弊革
私之道衍爲仁育義正之方以告我是
陛下聖不自聖詢于芻蕘之心也臣聞孔子之學
在仁育而義斷而帝王之治貴觀變以協中
是故過於仁則政寬民慢而教焉有所不行
過於義則政猛民殘而治焉有所不繼伏望
陛下變通以盡其利鼓舞以盡其神惠有所當加
賞不以無功而得如書所謂爵罔及惡德官
不及私昵者而後可也威有所當立罰不以

無罪而施亦如書所謂欽哉欽哉惟刑之恤
哉者而後可也仁義交相為用治教並行不
悖茲非愚臣之惓惓於
陛下者乎不然漢元非無仁也而優柔不斷終以
基新室之禍漢明非不義也而苛察過當終
不足於弘人之度將以除弊而弊日滋將以
革私而私日固其何以懲庶官之貪而示帝
王之神武哉雖然仁可過而義不可過昔人
嘗有是言矣然
今日之患正坐於仁之過而義之不足也何則

紀綱所由以出治也而今或上下無別責職
無章不能無陵替之患振而舉之不有望於
憑河之勇乎守令所恃以安民也而今或以
利滅義誣上行私不能無瘝官之誚飭而厲
之不有望於黜陟之嚴乎將帥所以握兵而
衛國也而或付諸乳臭之童甚者晚唐債帥
復見於今矣釐而正之不有望於糾糾之
宸斷乎刑罰所以詰奸而懲慝也而或委諸吏胥
之手甚者刻木不對誠可哀痛矣督而責之
不有望於明明之

嗣謨乎凡此皆
今日玩弛之弊而
陛下所當武斷而不恤者也雖然捄弊固存乎正
義而精義又在乎知幾使幾有不知則理欲
混淆真妄錯雜未有不以義爲利而以利爲
義者矣伏望
陛下清心講學極深研幾見天下之賾而不亂通
天下之故而不遺由是以仁惠天下則天下
莫不以爲恩以義威天下則天下莫不以爲
武庶官惟敘百姓用康而王道神矣易曰惟

幾也故能成天下之務願
陛下加之意焉臣草茅不識忌諱惟
陛下矜其愚不錄其罪則愚臣幸甚天下幸甚臣
謹對

武舉錄即武貢士題名錄也嘉靖戊戌武舉錄見天一閣現存書目卷二傳記類戊戌為嘉靖十七年

武舉錄序

嘉靖戊戌春天下武舉士集京
師者七百九十人而奇兵部援
故例疏以請
上若曰文陽而武陰也武舉以秋行
後之舉亦秋行義乃合遂著令
焉秋九月兵部復疏以請

制曰可乃以尚書臣瓚左侍郎臣
繼爲知武舉官以武定侯臣勛
宣城伯臣鋍遂安伯臣鏸靖遠
伯臣瑾東寧伯臣棟襄城伯臣
鏜尚書兼左都御史臣廷相右侍
郎臣衍慶爲同知武舉官以右諭
德臣治侍讀臣爕爲考試官以

都給事中臣亮臣隆禧署郎中臣
瀚署員外郎臣沆為同考試官
以御史臣守約臣道為監試官以
署郎中臣守讜署員外郎臣翔鳳為
提調官餘執事亦罔不共慎若
選也越九日己卯試騎射射而
式者六百九十人而奇十有二

日壬午試步射射而式者三百
四十八人十有五日乙酉乃進之
棘院試以文是月廿有一日庚
寅
天子始大享
帝于明堂肇正
宗祀百辟咸嘉有

曠禮恩奉
休德也用是職茲舉者懼不得與
從事是辱乃窮五之日力夜繼
燭焉六日而竣事扱文而式者
六十有五人取
宸斷也錄成臣治敬拜手稽首而言
曰國之大事在祀與戎夫聖王

所以奉神靈之統理萬物之命
領天下國家之道也憲經制用
因時陳義從古爲重焉我
皇上亶聰明之盡上達天德振湮釐
繆作立大義以茂修古先王之
緒冬至祭
天而祀

祖崇本始也季秋享

帝而祀

父思成形也而

尊親之孝備矣三歲春而舉文順陽

德也秋而舉武法陰刑也而仁

義之用昭矣盡

憲天之實建化成之極斌斌然曠

百王莫之尚也爾諸士馳弓矢
抱文藝乘時而售之用既膺茲
茂制矣復與覯夫
典禮之盛也其為遇也豈不甚良
矣乎夫士患不恒于遇也亦遇
而良矣其感奮也宜何如哉蓋
忠孝一心也文武一道也而人

弗可以貳焉者也故合忠與孝者之謂德合文與武者之謂才合才與德者之謂全人六月之詩美征伐也而乃曰文武吉甫張仲孝友焉然則其道也果二乎哉是故戰陳無勇不可以言孝辱親惰體不可以言忠違德

愆律不可以言文勤暴怠禮不
可以言武凡此者是貳之也夫
人具是四者以生之謂命古者
戎有受脤以昭命也命而貳之
是惰棄也遇雖良不如其已哉
孔子曰我戰則克祭則受福蓋
全人之道矣爾諸士其無亦是

務歟誠而吉甫焉而張仲焉用
扞城我
宗社引若
昌祀至於無疆以上裨
孝德之光弼兹仁義之治則爾亦
有令聞於後世也其庶乎不負
所遇之良也已爾敬欽哉

奉直大夫右春坊右諭德張 治
謹序

武舉條格

嘉靖元年六月十一日太子太保兵部尚書臣彭澤等會同府部等衙門太傅定國公臣徐光祚少保兼太子太保吏部尚書臣喬宇等議得武舉之制先年所定者未必不善也而或未備近年所定者未必皆非也而或有偏今將前後武舉因革事宜參

酌上

請合照舊每遇文舉鄉試之年行移天下招

諭各色人等堪應武舉者俱從巡按御史於該年十月考試兩京武學于兵部月考優等選取俱送兵部會萃數目於次年夏四月開科兵部堂上官弁提督京營總兵官統領大綱兵部司屬官分理衆務初九日初場較騎射人發九矢中三矢以上者爲合式十二日二場較步射亦發九矢中一矢以上者爲合式俱於京營將臺前十五日三場試策二道論一道於文場席舍

內先期請
命翰林院官二員為考試官給事中兵部屬
官四員為同考試官監察御史二員為監
試官臨期
陛辭入院試卷皆彌封謄錄編號送內簾看
詳各官生馬步中箭數目照試卷編號立
簿填卷之日取號比對分配等第其答策
有能洞識韜畧作論有能精通義理參以
弓馬俱優者列為上等策論頗通而弓馬

稍次者列於中等之前弓馬頗優而策論
但能粗知兵法文藻不及者列於中等之
後其或策論雖優而弓馬不及或弓馬偏
長而策論不通俱非全材發回候開科再
考起送會考取中名數臨期請自
上裁試畢將一應有事塲屋官員并中式之人
照依文舉事例梓其姓名録其弓馬策論
之優者裝潢成帙題曰武舉録
進呈上覽

睿覽仍出榜於兵部門首張掛次日早引赴
御前叩頭畢預事官俱赴中府會武宴亦照文
舉
廷試事例預行光祿寺設辦仍請
命内閣重臣一人主席宴畢該營備鼓樂職
方司官二員送武舉第一人歸第其中式
官生若答策二道作論一道馬上中四箭
步下又中二箭以上者官員於本職上加
署職二級其第一人若係百戶以上官員

照例加陞係百戶以下不為常例授以千戶職銜以示崇異其第二名以下總旗授以署副千戶小旗署百戶舍人舍餘軍民署所鎮撫俱月支米三石答策二道作論一道馬上中三箭以上步下又中一箭以上者官員於本職上量加署職一級總旗授以署百戶小旗署所鎮撫舍人舍餘軍民署冠帶總旗俱月支米二石取中指揮以上兵部斟酌推用署千百戶鎮撫總旗

俱送各邊總兵等官處賫畫及守堡聽調
殺賊應得俸糧幷加添米石俱於原衛所
支給獲有軍功照例加陞五年無功發回
等因題奉
聖旨是取中名數斟酌成化弘治年例行馬步
箭中數多寡再議了来說其餘依擬行欽此
續該本部查議得天順八年舊例應試官
旗舍餘人等有答策二道馬上中四箭步
下中二箭者各量加署二級答策二道馬

上中二箭步下中一箭以上者各量加署一級及查成化四等年武舉取中少者二名多不過七名弘治十七等年少者十五名多不過三十二名合無照天順八年事例初場馬上各以中四箭以上為合式二場步下各以中二箭以上為合式選取既嚴中式之人自是數少合將取中人員比照文舉會試錄列名不必分為等第俱陞署職二級惟復照舊分為上中二等等因

具題奉
聖旨你部裏說的是選取貴精既取貴用今後
箭數還照天順八年舊例馬上四箭以上步
下二箭以上方在取列但取中的免分等第
都陞署職二級名數臨時開具明白奏来定
奪欽此嘉靖十七年四月初一日欽奉
聖諭武舉著秋行後之舉亦秋行方合其義欽
此該太子太保本部尚書臣張瓚等議得
秋八月雨水尚多合無於秋九月舉行照

例初九日於團營教場試馬上箭十二日
試步下箭十五日於貢院試論策以後開
科年分永為遵守等因本月十七日具題
十九日奉
聖旨是欽此

嘉靖十七年武舉

知武舉官

光祿大夫太子太保兵部尚書張瓚 [illegible]獻府軍左衛籍滄州人乙丑進士

通議大夫兵部左侍郎樊繼祖 孝甫山東鄆城縣人辛未進士

同知武舉官

太師兼太子太師武定侯郭勛 世臣直隸臨淮縣人

太子太傅宣城伯衛錞 和之直隸華亭縣人

太子太保遂安伯陳鏸 國用四川巴縣人

靖遠伯王瑾 廷用直隸束鹿縣人

東寧伯焦棟 隆吉順天府通州人

襄城伯李全禮 天和直隸和州人

提督四夷館通議大夫太常寺[illegible]卿王廷相 子衡河南儀封縣籍山西長治縣人壬戌進士

通議大夫兵部右侍郎張衍慶 仲承河南汲縣人辛未進士

考試官

奉直大夫右春坊右諭德張治 文邦湖廣茶陵州人辛巳進士

翰林院侍讀屠應埈 文升浙江平湖縣人丙戌進士

同考試官

吏科都給事中錢亮 敬夫直隸丹徒縣人壬辰進士

承事郎兵科都給事中朱隆禧 子洪直隸崑山縣人 己丑進士

奉直大夫吏部考功清吏司署郎中事員外郎任瀚 少海四川南充縣人 己丑進士

戶部福建清吏司署員外郎事主事邊沆 文顯直隸任丘縣人 壬辰進士

監試官

文林郎江西道監察御史曾守約 子如廣東歸善縣人 己丑進士

文林郎雲南道監察御史周道 大經河南懷慶衛籍直隸和州人丙戌進士

提調官

奉直大夫兵部職方清吏司署郎中事員外郎楊守謙 允亨彭城衛籍湖廣長沙縣人己丑進士

承德郎兵部職方清吏司署員外郎事主事姚翔鳳 夢禎浙江上虞縣人 壬辰進士

監射官

奉直大夫兵部武選清吏司署郎中事員外郎薛僑 尚遷 廣東揭陽縣人 癸未進士

承德郎兵部職方清吏司署員外郎事主事黃福 子讓 直隸休寧縣人 己丑進士

印卷官

奉直大夫兵部車駕清吏司署郎中事員外郎呂高 山父 直隸丹徒縣人 己丑進士

奉政大夫兵部武庫清吏司郎中吳道南 宗甫 江西貴溪縣人 癸酉貢士

承直郎兵部職方清吏司主事范來賢 邑岡 直隸常熟縣人 己丑進士

收掌試卷官

承德郎禮部儀制清吏司主事劉廷年 以靜 四川巴縣人 監生

登仕佐郎兵部司務賀惠 子仁直隸鎮朔衛人籍陝西洛川縣人己卯貢士

兵部武庫清吏司郎中沈熺 明仲浙江烏程縣人丙戌進士

承德郎兵部武選清吏司署員外郎事主事楊博 惟約山西蒲州人己丑進士

受卷官

將仕郎兵部司務丘甫 子初太醫院籍浙江烏程縣人乙酉貢士

奉直大夫兵部車駕清吏司員外郎王楊 惟直直隸興州後屯衛官籍浙江餘姚縣辛丑進士

奉直大夫兵部武庫清吏司員外郎熊洛 景之江西南昌縣人壬辰進士

承德郎兵部武選清吏司主事張鐸 邦數山西壺關縣人丙戌進士

彌封官

承德郎兵部武選清吏司主事何中行 粹甫廣東順德縣人壬辰進士

承德郎兵部車駕清吏司主事黃訓 學古直隸歙縣人己丑進士

承直郎兵部職方清吏司主事李大魁 伯掄湖廣襄陽儀衛司人壬辰進士

承直郎兵部職方清吏司主事賀府 應璧陝西渭南縣人己丑進士

謄錄官

承直郎兵部武選清吏司主事方任 志伊湖廣黃岡縣人壬辰進士

承直郎兵部職方清吏司主事馬承學 弘道太醫院籍直隸吳縣人乙未進士

承直郎兵部武庫清吏司主事薛孟 惟亞浙江嘉善縣人乙未進士

承直郎兵部武庫清吏司主事袁襲 子宜四川眉州人乙未進士

對讀官

承直郎兵部武選清吏司主事汪宗元 子充湖廣沔陽縣人 己丑進士

承直郎兵部職方清吏司主事楊子臣 維人四川南充縣人 乙未進士

承直郎兵部職方清吏司主事傅順 觀業湖廣沔陽衛籍河南仙縣人壬辰進士

承德郎兵部武庫清吏司主事趙文華 元質浙江慈谿縣人 己丑進士

掌號官

昭勇將軍大寧前衛指揮使紀廷 原化山後人

明威將軍彭城衛指揮僉事孫聰 德惠直隸壽州人

明威將軍羽林前衛指揮僉事張俊 世英直隸巢縣人

巡綽官
昭勇將軍興武衛指揮使司昇 昌陽直隷定遠縣人
懷遠將軍武功中衛指揮同知李玉 廷璽河南滎陽縣人
明威將軍蔚州左衛指揮僉事張鐸 文振直隷昌黎縣人
搜檢官
昭勇將軍金吾右衛指揮使張麒 仁甫山東平度縣人
昭勇將軍羽林前衛指揮使魏麒 天祥直隷滄州人
明威將軍燕山前衛指揮僉事史鎮 衛之山後人
監門官

昭勇將軍府軍前衛指揮使張文 志學直隸山陽縣人

明威將軍龍驤衛指揮僉事張錦 大用順天府通州人

明威將軍忠義後衛指揮僉事何成 彥寶直隸臨淮縣人

供給官

承德郎順天府通判張木 用正浙江鄞縣人 己卯貢士

順天府宛平縣縣丞李梅 調元山東武定州人 監生

順天府宛平縣主簿許東明 必照山東平山衛人 監生

順天府大興縣主簿張鴻 大舉直隸貴池縣人 監生

順天府大興縣典史衛世寧 永固山西夏縣人 吏員

第壹場
試馬上箭
第貳場
試步下箭
第叁場
策二道
問兵之情術衆矣其究不出攻守二道夫
攻者乘敵之弊以致己之必克守者持
己之勝以拒敵之我與其謀至不相易

矣而孫子曰不可勝者守也可勝者攻
也何攻守互變而無定歟吾所欲攻敵
必堅而守之吾所欲守敵必專而攻之
其勢至不相窮矣而孫子曰善攻者敵
不知其所守善守者敵不知其所攻何
攻守互動而不測歟以敵不守決吾之
必攻以敵不攻度吾之能守其事又至
不相爲用矣而李靖乃曰攻者守之機
守者攻之策何攻守異事而同計歟夫

不明攻守之道不可與知兵之情術期
以用兵難矣若三者之說固原始要終
以爲質也古名將已成效之迹往往足
符信諸士月講而歲肄之必較然有得
也其詳著所合者以明告我用觀爾畧
焉
問今天下用兵之至要莫過北虜夫虜世
爲中國患三代莫能除也漢而後經制
蓋寖盛稱其長技弗與者三而中國五

拔足勝之或謂不可與戰者亦三〻而自
備以乘其虛足取之自今觀之然乎否
邪天生裔胡不能使之無類彼來而我
待之策何可置也将賢兵勇百戰無殆
古今以為至計乃武士之衆
朝廷任将百一而為選宜賢者之效能矣或
授之方隅數見失事虜窺利乘勢莫籌
近策豈選之無賢邪抑賢與否無當勝
敗之理也今之邊鎮率天下精兵所出

秦漢扼強虜吭而笞其背者用此諸郡力也其土人豪猛麤健不殊往昔至驅之戰陣則敵愾折衝之氣倏焉兵又奚貴勇邪夫將賢期乎用兵勇期乎戰用弗效戰弗力則賢與勇者徒事具耳奚頼哉諸士以將途進必且慨然深念之其備著經虜之術于篇

論

安國家之道先戒為寶

武舉中式六十五名

第一名楊[illegible]　京衛武學肄業指揮使

第二名陸[illegible]　直隸蘇州右衛應襲舍人

第三名李漢　遼東復州衛指揮僉事

第四名龔卿　河南歸德衛前所千戶

第五名程規　四川松潘衛應襲舍人

第六名高嵩　直隸廬州衛前所百戶

第七名張機　福建福寧衛舍人

第八名葉繼文　羽林衛指揮同知

第九名紀瀛　京衛武學生

第十名翁思誠　福建永寧衛金門千戶所軍餘

第十一名叚崇文　京衛武學百戶

第十二名高懋功　直隷揚州府江都縣人

第十三名雷巽　四川宜賓縣武生

第十四名鍾大經　陝西慶陽衛中所軍生

第十五名田佑　錦衣衛衣前所百戶

第十六名劉倫　京衛武學肄業指揮使

第十七名劉簡　南京京衛武學肄業指揮僉事

第十八名陶增　雲南雲南後衛中所百戶

第十九名馬昇　京衛武學肄業正千戶

第二十名徐永　京衛武學肄業副千戶

第二十一名許瑒　錦衣衛衣右所正千戶

第二十二名李椿　山西大同後衛指揮同知

第二十三名季鏜　京衛武學肄業副千戶

第二十四名陳大章　浙江杭州右衛應襲舍人

第二十五名孫承宗　直隸九江衛應襲舍人

第二十六名 胡彭年 山東武定守禦千戶所百戶

第二十七名 張大經 京衛武學肄業百戶

第二十八名 孫承祖 京衛武學肄業百戶

第二十九名 丁奎 直隸淮安衛指揮使

第三十名 周應禎 直隸武平衛中所副千戶

第三十一名 程鵬 南京京衛武學肄業千戶

第三十二名 周藩 直隸宿州衛指揮使

第三十三名 蔣翔 京衛武學肄業指揮僉事

第三十四名 許大學 京衛武學肄業正千戶

第三十五名韓璽　南京京衛武學肄業指揮僉事
第三十六名郭俊　京衛武學肄業百戶
第三十七名朱襄　南京京衛武學生
第三十八名佟溏　遼東定遼後衛指揮僉事
第三十九名馮登　大寧都司保定後衛應襲舍人
第四十名李臣　直隸宿州衛右所百戶
第四十一名郝鵬　萬全都司宣府前衛左所副千戶
第四十二名李鉞　京衛武學生
第四十三名郭震　陝西寧夏衛應襲舍人

第四十四名 田繼禮 四川雅州守禦千戶所指揮僉事
第四十五名 耿鏜 京衛武學肄業指揮使
第四十六名 許策 遼東東寧衛副千户
第四十七名 許泰 萬全都司蔚州衛前所副千户
第四十八名 王麟 萬全都司興和所總旗
第四十九名 王儼 雲南臨安衛前所試百户
第五十名 齊應奎 京衛武學生
第五十一名 劉文 貴州貴州衛右所百户
第五十二名 王宗武 京衛武學肄業總旗

第五十三名　楊天臣　京衛武學生

第五十四名　李元賓　四川寧川衛右所千户

第五十五名　張四維　陝西榆林衛應襲舍人

第五十六名　劉楫　萬全都司宣府前衛應襲舍人

第五十七名　單輔　京衛武學肄業正千户

第五十八名　劉鐙　京衛武學肄業正千户

第五十九名　邵昇　浙江杭州右衛應襲舍人

第六十名　王江　京衛武學肄業應襲舍人

第六十一名　金淮　京衛武學肄業指揮使

第六十二名 潘宗儒 山東曹州學武生

第六十三名 張鉉 萬全都司懷安衛學武生

第六十四名 譚纓 山西太原左衛後所百戶

第六十五名 劉懋 萬全都司興和守禦千戶所百戶

策

第一問

馬上中　箭

步下中　箭

同考試官署員外郎邊　批　攻守情術

發揚殆盡干城之選必無出其右者歆羨歆

羨

同考試官署郎中任　批　文極奇謀

極遠他日必為名將取之

同考試官都給事中朱　批　運用有神

詞格雋古武弁中其傑然者乎

同考試官都給事中錢　批　闢闔變化

愈出愈奇攻守之妙盡于此矣高薦何疑

考試官侍讀署　批　開闔變化機用出

入文與兵兼至矣哉

考試官右諭德張　批　識兵之形用處曲

盡其變蓋嘗學孫吳而有得者取之

對古之善用兵者觀敵之形而不暴吾之
所形故能因形以措勝知敵之用而不失
吾之所用故能制用以成功何謂形攻之
所為救守之所為備敵與我之勢定於其
可見者也何謂用攻之所無救守之所無
備敵與我之機動於其不可測者也善用
兵者形人而我無形則形之敵必從之可
以措因形之勝矣用而示之不用則能資
敵之用為用可以成制用之功矣通於此

者其知攻守之說乎請因執事之問而竟
焉夫兵之奮攻守猶戶之有開闔弩之有
張弛也其形與用妙應於攻守之間變而
不可定動而不可測者猶戶樞運而開闔
無端弩機設而張弛不窮也是故兵之情
危情也不觀敵之形與吾之所形則攻之
所為救守之所為備勢定而不能察危無
所安矣其術說術也不知敵之用與吾之
所用則攻之所無救守之所無備機動而

不能制人將吾詭矣故曰形與用兵之情
術盡焉攻守之道自出也古之善用兵者
攻其所救而捷出其所不救形在所救用
在所不救也守其所備而先計其所不備
形在所備用在所不備也是故吾有所攻
非徒致我之必克也可勝而攻吾治其有
餘使敵疑於守然後吾之用不竭乎攻也
吾有所守非徒拒敵之我乘也不可勝而
守吾治其不足使敵疑於攻然後吾之用

不窮乎守也故曰可勝者攻也不可勝者守也守則不足攻則有餘夫可勝不可勝者形之所顯也敵與我之勢定焉有餘不足者用之所伏也敵與我之機動焉吾觀敵之形不暴吾所形則為救為備我得其處敵不得其處也吾知敵之用不失吾所用則無救無備我得其故敵不得其故也是故我欲攻敵雖堅而守之不能固者形與用屈於我也我欲守敵雖專而攻之不

能入者用與形乖於敵也故曰善攻者敵不知其所守善守者敵不知其所攻也夫不知所守則吾兵動於九天之上忽而來敵莫窺其所自來不知所攻則吾兵藏於九地之下忽而往敵莫循其所由往故可勝而攻吾以有餘張之人知我勝而莫知吾制勝之形守之用所以出乎攻也不可勝而守吾以不足嘗之立於不敗之地而不失敵之敗攻之用所以存乎守也故曰

攻者守之機守者攻之策也夫攻守二事而一法者也愚嘗以是三說求古名將用兵已然成效之跡何其勝敗同原而相類攻守合轍而不違邪是故必可勝不可勝之形察而後有餘不足之用治必有餘不足之用治而後守機攻策之宜見善用兵者未有能出於此者矣昔王翦之取楚也以六十萬人往休士謹壁數挑不出故一戰取勝略地而郡縣之不可禦也衛青之

絶定襄也出塞千餘里趙信為匈奴計青之必困矣而卒能奪實顏燔積聚者可謂能察可勝不可勝之形而治其有餘不足之用者矣田忌之救趙也孫臏令引兵疾走大梁出其不意則魏必釋趙圍自救故卒成馬陵之名鄧艾攻蜀由陰平道行七百里無人之地凌險先登遂降馬邈斬諸葛瞻而取劉禪所謂善攻而敵不知守非守機之先見與田單守莒即墨詐燕軍使

劓降掘冢墓以忿怒吾士卒之心畀詞約降故火牛用而燕無完壘矣馮異軍栒邑備行巡而偃旗息鼓潛待其來故巡一馳赴軍破而不可救矣所謂善守而敵不知攻非攻策之時用與夫攻而不知守之機者是開戶以待乘垣之盜弩張而弦絕不恤者也守而不知攻之策者是閉戶以卻斬關之盜弩弛而失逸不顧者也形定於可見者已非我之所有用動於不可測者

又為敵之所得則攻守無一可者如之何其不覆且敗哉故兵貴不可勝也凡兵之勝敵之失也勝敵之兵必隱必微必積必摶隱則勝闡矣微則勝顯矣積則勝敗矣摶則勝離矣凡鳥獸之攫其以齒角爪牙也必託於隱蔽而後能成勝是故兵無形也以吾之能形兵無用也恃吾之能用無形之形其始也沓沓兮冥冥及其形也泰山喬嶽而不能為其變是之謂至形無用

之用其始也惚惚乎洞洞及其用也兔走
鳧舉而不能止其動是之謂至用形用不
竭其道乃得形與用神敵乃可擒故曰如
戶之樞運而無端如弩之機設而不窮也
嗚呼愚觀攻守二道雖一夫之角力一物
之遂知猶不能不互出以取勝彼形與用
之相參其孰能違之由是則知持三軍勝
敗之勢立國家安危之主於所謂因形措
勝制用成功之要誠不可一日不之講矣

彼不深明於此而能知攻守之自出與兵之情術難哉雖然是特因執事所及者陳之若夫兵之難言者則一陣之間奇正至於百出一戰之頃虛實至於萬變作之乎動靜之理而得失之計所由分角之乎遠近之處而死生之地所由判是皆出乎形用之幾微而攻守之道無不具者也彼世之紬言兵者每曰王道無事乎攻守仁義何假於節制噫亦未睹兵之情術也夫

又

馬上中　箭

步下中　箭

同考試官署員外郎邊　批　開闔變態

愈出愈奇誠如老將用兵紀律肅嚴而萬

無一失者

同考試官署郎中任　批　倔奇有識

非近代將才也取之

同考試官都給事中朱　批　奇思博辨

迥越衆作顯允壯猷屬之子矣是用録出

同考試官都給事中錢　批　不外攻守

立說而變幻神妙曲盡兵法蹤節奇氣力追古

作參之孫子史記間難並其爲優劣敬服敬服

考試官侍讀屠　批　才隣班馬智亞孫

吳讀其文灑然未嘗不服其人也

考試官右諭德張　批　兵之變無窮子之

文亦無窮知子胷中有十萬甲兵也佳士佳士

古之才有力計謀之士以戰陳顯融當世名
聞諸侯者豈其道神聖哉吾以若攻守觀之
廟筭見矣法有曰善守者藏于九地之下善
攻者動於九天之上斯誠神理不可究詰漢
庭諸將所不得悉聞吾必乃讀戎書竊長老
之傳將以籌邊報主而先辱奉明問不敢過
忌蓋畧聞黄帝曰天發殺機移躔易宿地發
殺機龍蛇起陸人發殺機天地反覆至人言
曰恢恢盜機乎其固攻守之陰符也哉天有

所傷刑地有所否傾知兵者則天明遵地執動乃不倍見五賊者昌辨九地者王故曰將帥侯王其盜機也夫是以知微知彰知柔知剛知動知靜知存知亡夫是之謂神機鬼藏法曰三返晝夜用師萬倍言兵筭也晝夜者陰陽之道也殺機者天地之權也賊陰陽之道奪天地之權勝負不相謀時死生不相謀地微乎微乎非聖且神其孰能舉之孫武之說曰不可勝則守可勝則攻守則其不足攻

則其有餘此道兵家之常要未爲極論何則兵事尚詭窮尚通其正尚變窮不能通正不達變敵至而不能詭者死矣今夫排兀擣虛乘勝長驅空國而之野戰人謂必攻矣胡乃有出其不意者拔趙幟立漢赤幟王走死水上廣武君所爲痛恨於成安也軍志曰百里而趨利者蹶上將泜水之攻是也今夫泓塹壁壘限帶山谷列鄣亭自衛戍徼乘塞人謂必守矣胡乃有攻其無備者通間道絕江綿

扳新都數十城致主戲下蜀姜維所為扼塞
於京觀也軍志曰將不通於九變之利者雖
知地形不能得地利劍閣之守是也是故使
維知攻之為守漢至今存可也使成安知守
之為攻趙若楚後亡可也攻不謀守將為敵
所誘守不謀攻將為敵所窮法曰攻者守之
機守者攻之策言致一也夫不足則守將以
存國也徒守焉而不神其用於攻者吾懼
其失國故魏伐趙孫臏不救趙而攻梁攻

其所必救則魏去而趙存說曰形格勢禁
使自爲解耳斯巧於守者敵所不得攻也
有餘則攻將以致人也徒攻焉而不戒其用
於守者則反致於人故劉曜討羌但堅壁勿
戰俟其不戒而出擊之遂畧地以歸說曰敵
雖驟可使勿鬭斯巧於攻者敵所不得守也
故曰善攻者敵不知其所守善守者敵不知
其所攻守而示之不守攻而示之不攻疆而
示之弱弱而示之彊是故難知如陰不測如

淵寧爲人後像不爲事先神乎神乎乃其無形乎蓋又聞黄石之略曰攻人者攻心爲上攻形次之城爲下守國者守氣爲上守勢次之土爲下今夫胡越之人不相識其勢不足以相死生然同舟而遇風波則相應如左右手何者其心使然也攻人者能使家自爲怒人自爲鬪衆寡不相恃貴賤不相救將領惡其偏裨部曲讐其主帥若是乎心乃可攻矣秦以暴戾恣睢屠六國蠶食天下陳勝行戍至

于大澤為天下先倡五陵豪傑響應劉季偏袒大呼而闢門不守材官騎將貢降恐後吾固曰不戰而屈人兵者攻心之道也今夫人情小陷則懼大陷則怒無所往則固困極則合不得已則鬭何者其氣使然也守國者能使人無天於上無地於下無敵於前無生於後　死若脫從戰若饑涸若是乎氣乃可守矣睢陽食盡矢窮亨愛姬饗士南八死耳不敢為不義屈朱泚圖奉　天殺傷相藉潭城以

大義感率士卒冣創奮死戰卒還乘輿吾固

曰可滅可族而不可降者守氣之功也法曰

三軍可奪氣將軍可奪心言至乎也乃執事

所問則攻城守土之畧而形與勢以存矣奇

之談也吾故以正終焉

第二問

馬上中　箭

步下中　箭

同考試官署員外郎邊 批 淵邃之識久長之慮經世之文也允宜首薦

同考試官署郎中任 批 亟録此奇士

同考試官都給事中朱 批 引據今昔評隲不苟蔚然之文也録之

同考試官都給事中錢 批 肆論極弊陰寓良法且文格高古真逼西京是用録出

考試官侍讀屠 批 知強邊禦虜之略

考試官右諭德張 批 是經世之畧也録之

執事訏謨曲慮審國家長久之策以驅馭
群胡此奇節明計之士所激昂自獻而幸
冀其會者也何敢不究其愚心夫北狄者
五帝所不程督三王所無化服自上世之
統迸之矣然而中國世猶被其患害者彼
禽獸之性不可以人理掐也是故得利則
進曲直不能爲之辭失利則退屈辱不足
以爲之恥夫不能辭聖人無所入其禮義
不足恥則尙不轢於死地彼無懲於中也

夫使寓懾荒遐奄有其遺育毋勤于我則
帝王且涵濡置之而保境內繕以備于無
患奚暇動兵以事遠哉自秦暴天下之力
歲斃軍爭匈奴得寬其力至漢益强中國
莫能為之制也至晁錯料匈奴地形技藝
曰長技有三蓋馬便險遠騎射精良人習
罷勞與中國異然方是時虜猶鈍拙土無
剛金國無良藝故中國有五技足勝之也
乃後折遺戟於息戰得漢工於解甲强弓

勁弩與漢爭利朝弦暮騎又虜所長昔之
五技無一可恃者矣諸葛亮揣北狄戰守
攻取之長曰不可與戰者三蓋牧獵逸勇
驅騎疾運地形易爭漢卒弗逮也方是時
河朔固在境內虜懾漢威無敢南牧故守
邊自備乘虛而取之則資不費而寇除也
乃後幽燕淪沒靈夏分據河曲牧養之壇
契丹中國險利已為控扼則昔者守邊之
備又十倍無可比一矣故曰時勢異成夫

三代而前治之以不治者也漢治之以治
者也晉宋而下欲治之而不能併其所治
失矣我
太祖高皇帝攘胡立國裔孽遯遺無幾
成祖文皇帝紹弘景迹再申北伐犂其庭而三
擣之窮虜餘魄喙息靡存自秦漢以來北
狄衰詘未有甚於往時者也夫何也先火
節之後虜以桀驁得志比乃窟穴河套逼
聚西海帶甲控弦動踰數萬鵠瞭肆于郊

原姦民伺之嚮導欲以爭技乘虛蓋有難
者夫禦戎無上策自古記之矣来則奮武
威擊之去則嚴斥堠守之擇将訓兵任賢
鼓勇使勝敗之勢有所常主攻守之志有
所必先此後世用兵之至計未有能易之
者夫将不賢則雖明主無成功卒不勇則
雖賢将無必效故曰卒不可用以其将予
敵也将不知兵以其主予敵也乃者擇将
求賢則嘗廣

廷薦之條重武舉之科著之令甲炳焉盛軌
以天下材傑衆多夫豈無文武具足之士
應焉昔燕昭王好士一舉而得樂毅至於
趙奢李齊之疇亦往往為其國重今以
全盛之世遠招衆取而方守之將曾不聞建
立勳績如古諸國所舉甚者至於失事何
也夫古之將誠賢而所以御之者周內而
不濟使身得察是以其材獲見也今之將
誠未必賢然愚猶意其御之未至耳夫無

事約束之太嚴則豪傑既困於法繁有事寛減之太過則姦狙益長於刑縱往樂羊為魏伐中山謗書日至魏侯弗納也卒任樂羊滅中山闢地廣國孔明之攻張郃也馬謖違節制而敗街亭亮涕泣斬謖夫謖材亮竒之矣顧斬之不少靳誠以軍法之不可無重也故亮用以廉殺郃之功乃令之御将者纎過細舉動為節禁是繩墨煩苛雖樂羊之材弗振也喪師失律欺蔽緩

誅是寬假姑息雖馬謖之敗無論也然此
固其凡可夫將者社稷之衛三軍之命呼
吸變化應敵無方而俾機宜由中制之使
媟近侍臣為之統制是束縛困辱焉使不
得展也臨敵致果士死綏報殺傷當者
為捷而禁例兵不得輒損是教之避敵也
賞罰者閫外之權激士之器也縱間諜饗
士卒賜予招募非財不可而銖兩可否輒
律以貪是去刃而命操之擊也軍庸之錄

賞不踰時薄稽再三終歲待議守節無營之士又斥不收是教之惰且媮也是數者非御將之大方也故曰御之未至也三邊七鎮地勢雄據精兵所出是秦一戰而卻西戎漢用之開西域而朝匈奴者也夫功首之爵秦以之優戰士也俘獲之賞漢以勸塞下之募民者也而今日固兼行之矣然近者緣邊悍旅至干紀律蹈死刑不少摧息而搴旗陷堅曾不聞尺寸之效如古

所見此其故何也愚意其治之未盡善也
夫恩厚不固之於前則雖志士無必勸法
令不信之於後則雖良兵無固守昔吳起
爲魏將衣食比士卒之最下者臝褁糧分
勞苦是以守西河而秦兵不敢東韓趙賓
服彼其下誠樂爲之死也兵志曰嚴刑峻
法使人畏我而不畏敵李靖爲之言曰卒
未親附而罰之則不服已親附而罰之不
服則不可用夫刑威不偏於親愛之後卒

何畏而可使也乃今之治卒者平居饑寒
不恤公授之衣糧而恣掊克之則恩厚不
結於前雖吳起不可使將也至犯法寬息
無振乃曲覆而優貸之則法令不信於後
雖李靖不可使謀也愚又嘗觀之于野矣
老弱疲癃之士執緻戟而守亭隍其健者
廪餼而役之私門幾何不忿而疾其上也
屯田不修鹽政之飛輓壞閑暇弗計之務
糧有事而請得內帑數萬當平居費數千

金耳非所以深長慮也敢勇忠節之士衆瘠待餔澤不時賜而陸梁群嘯者輙恐恐爲之請處非所以示之忠且順也貧苦之卒斬虜首無所上功游賈猾吏市僞級以干爵禄非所以覈勞奬功也是數者固邊卒之所見而解體也故曰治之未善者此也凡此皆不可不熟議而善制其後也夫擇將欲賢然御之而抑其材則賢固不若既之用訓卒欲勇然治之而病其能則勇之

固不若怯之戰甚矣將賢卒勇之不足獨
恃也得其御與治則一可以當十不得其
御與治則十不能以支一能御能治應敵
不窮是以愚可賢而怯可勇黃帝所以七
十戰而不殆用此道與雖然是特節末之
論耳王者意之所至不肅而成攟有所張
彌遠必達周宣秉中衰之後思飭武服制
吉召揚其勛漢武赫然内憤而衛青霍去
病之流以左者儒臣奮行伍而流聲績北

虜積患特在
朝廷少加之意耳執事其勿以爲虞

又

馬上中　箭

步下中　箭

同考試官署員外郎邊　批　雄偉弘博

英烈激發必素抱經濟之才者宜錄之以式

衆學

同考試官署郎中任　批　談說邊事
皆如目所睹記吾嘗見子策勳分閫爲
元功耳
同考試官都給事中朱　批　邊務歷歷
指掌蓋嘗究心於用世者取之不徒以其
文也
同考試官都給事中錢　批　籌邊之策
區畫精當其文邃其事覈非徒答問目
者錄之

考試官侍讀屠　批　文格奇邃區畫

明允是文武具識者

考試官右諭德張　批　經畧當世邊務

鑿鑿可行韓范之儔也

安攘之道不難於謀也而亦不易於御也夫天下無終不可濟之事顧茲蠢虜之足患哉世惟謀之之難也畏心滋焉而修攘之計塞矣然事無定形勢不可測將安所足恃耶世惟御之之易也怠心乘焉而備

禦之畧輕矣畏也怠也均之不能喻安攘之道者也然則秉廟筭者當先明小大之分逆順之理正邪之不相干攘外之策期於必克威遠之道斷在必行誠謀之夫何難哉但邊務團防時就弛玩敵者久而彌廢缺者畧而弗講御兵之將多庸萎而難任衛將之兵率驕靡而無所於用夫將整其廢也實其缺也振其庸也鼓其靡也誠不易於為力矣惟操切以日不暇給之志

[illegible]以大有展作之勇務紓目前之患馴致可久之利庶幾其允濟乎試究言之夫戎虜之為中國患也自古已然是皆伺隙窺邊衝虛犯塞俘掠吏民呑噬亭障者于今所同也自昔英主誼辟莫不憤其不義亦嘗按劍憑怒命將遠征而卒罔成績漢孝武秣馬利兵窮擣渾邪雖南牧暫寧而海內蕭然唐太宗長驅萬里駐蹕沙漠而遼左無功噬臍何及二君昭鑒史籍具

其將振旅凱樂獻功清廟斯則無難者惟
聖王之度待以不治來則懲禦去勿窮追是即
古帝王制御夷狄之大道而後世矜大略
遠者卑之不足以與此尚何狄虜之可患
而桀黠之足畏哉愚故曰誠講之可無難
也夫何百餘年來虜聚漸蕃窺噬日近自
開平興和東勝河套之地委之弗守而也
先[illegible]節之入寇境內使虜人益狎我中國
近則[illegible][illegible]俺答猖悖滋甚乃致地方蹂躪

法令懵弛而将領之庸玩軍士之單弱是
誠屢執事之慮者夫将才所須本在戰陣
邇来倡舉儒将而餙詞矩步伸紙繪句者
胥得濫竽矣用之弗效責有所屬而謂賢
否不足以當勝敗者豈其然乎邊戍所需
恃以耀武自累世法玩伍空而尺籍太耗
即遇邊警發盡伍徵遣無論勇怯而衆寡不
敵尚出虜下累勤清勾迄無實效而謂士
人粗健敵氣餒馬者其亦厚誣土著之兵

乎然則籌邊用兵之要領固安所取衷哉
當不越選將之慎閱兵之實而已所謂選
將者蓋雄桀魁磊之才驕悍難使責成之
既重則申錫之當專漢高祖齋沐設壇魏
武帝袞冕推轂慎其選也載按太公六韜
有妻子之將有十人之將百人之將有千
人之將萬人之將有百萬人之將其品殊
也夫能明將將之法推心膂之寄角材而
授任程功以晉秩毋伺察太嚴而貪可使

也詐可使也毋責覈近效而跅弛不遺也二卯弗棄也庶幾風采威望可以襲虜鷹揚虎旅不懼死鬬列塞有高枕之安而萬里如長城矣何用之有弗效耶所謂閱兵者蓋土風雄毅則民性剛捷杜牧之言曰河北視天下猶珠璣也天下視河北猶四支也是以王翦師師思用趙卒李牧在代念此冀方豈不以土著之民慣鬬金革狃習兵戈不憚轉餉不惕死戰主客既自不

同勇怯已甚殊絶較然明矣而況前翦牧守
塞徒以一郡之兵拒之以茲天下全力其
将草薙而獸獮之復何有哉夫能籍其鄉
兵厚其餉賚優復其田疇懷慧其親族以
激其盡瘁之報仍以古昔選士之科懸賞
召募敢死之士取善謀畫者取知敵情僞
者取識山徑險易者取强膂過人斬屬搴
旗者取趫捷若飛踰塹覘壘者别拔部分
以副揹使俾之力耕死戰世爲邊用則既

免分番之供餽而互望圍保之力罔不勇
於應命而何戰之有弗力耶愚故曰誠御
之當不易也夫是之謂安攘之道始就執
事所叩者及之也若夫重撫臣以弘國猷
豫儲積以充邊實信賞罰以勵士氣廣屯
種以裕兵資謹斥堠以昭軍紀慎機宜以
懲夙弊則皆籌邊之畧也保邦之道也
今日之急務也舍是而圖遠尚曷安攘之云乎
雖然

聖王制世御物獨化於陶鈞之上者以其廣域
外之議觀貽曠之道也今日籌邊之畧若
非我
聖天子銳情講求堅志經畫而元老本兵及時
入告殫力佐理則恐積習之根未易芟拔
踈弊既久益難整頓而邊防大計將不知
其所終矣亟圖而善及之不有厚望於
今日我昔人有言本源之地在
朝廷此有道之長不易之論執事知愚言之

非佞也請以為
宵旰獻
論
安國家之道先戒為寶
馬上中　箭
步下中　箭
同考試官署員外郎邊　批　雄渾昌大
論列治忽安危雖歷數百言似猶未盡其

意是不可以武弁目也

同考試官署郎中任　批　陳說利害森然令人感動是忠於謀

國者

同考試官都給事中朱　批　體裁高古謨慮深微忠愛之意藹然文武全才非子也耶敬服

同考試官都給事中錢　批　治亂安危之故昭然可省至發揮先戒數語真有

感動人處非徒文者錄之

考試官侍讀屠　批　思深慮遠氣逸語
精武士有此良得人矣

考試官右諭德張　批　有憂世之心他日
致用當必有可觀者

治忽幾微之際甚可畏也善治者能察其
勢而豫爲之所焉然功實之辨不可不審
也蓋天下之勢其安危理亂不可卒見而
其幾未嘗不先動焉幾之動也若隱微幽

默不可究知而其實著於朝廷昭徹於天下之耳目其始若未足以妨道敗紀可指摘瑕垢而其終恒至於横潰決裂而不可救藥焉者何也蓋玩政靡俗無危之形有危之徵民離財匱無亂之迹有亂之萌人見其無形迹之可指也而吾之威靈又足以制之遂恬然相安以為治平無事而意外之患莫之復虞幸天下之勢未至於大壞而極弊也溺於所見之近養亂宿禍以

成其苟且之志日積月漸而土崩瓦解之
勢一旦具見焉然後徐起而議之則已無
及矣此越人所以望桓侯之疾畏而却走
也故曰治忽幾微之際甚可畏也昔者聖
人作易以著存亡之理而於治忽之幾每
深致意焉在泰之上六曰城復于隍在否
之九五曰繫於苞桑聖人亦知夫泰之不
可常否而休之者之存乎人也使當泰之
極而以繫桑終焉則復隍之虞其亦奚由

盂故古之君臣雖至安極治而其心常兢兢焉若不能一日安於其上是故有克艱之謨懼其逸而滛也是故有朽索之訓圖怨於不見也是故有桑土之詩恐民之侮予也夫以數君之明且聖也其民之協和也其政之無疚也而猶若是者何哉善醫者不治於已病善治者不救於已亂其識慮明備先具也千金之室弗垣蔽扃鑰之藏獲失禁則盜乘之矣況乎一國之重天

下之大而可以弗戒乎哉是故惟辟作威
作福玉食群后罔不承式然而其天位艱
難不可懈也四海之內懿然葆德各遵其
道然而其聰明明畏不可易也九德咸事
俊乂在官然而其讒說殄行不可忽也天
地欣合百物皆遂休嘉滋至然而其顯顯
靡易不可諶也故夫審德正度以遠邪也
遏欲慎動以順時也勤志敬終以先物也
選賢黜佞以明任也約已惠窮以和衆也

容直廣問以盡下也經筵秩紀以察變也
蓋其心畏則其慮周其見遠則其治詳夫
如是故法立而不犯政成而不易修之朝
廷可以定百辟正人民推之天下後世可
以保宗社利後嗣其所以憂勤祗畏不敢
少自暇逸焉者正所以為逸暇之原而善
後之術也故早辨而前慮雖有敵國外患
弗能危之矣深謀而慎防雖有小人弗能
亂之矣故曰惟善治者能察其勢而豫為

之所馬嘗慨夫古之有國家者厭危亡而樂安全厝神業而豫席之豈少也乃其後鮮不陰陽錯繆氛氣充塞群生寡遂又其下者爲跋盭且病大痱夫豈明于前而瞶于後哉其所操持悖戾而眩於功實之辨也蓋天下之情二有不忘治者有好治者二者功同而實大異名似而事不侔也是故不忘治者多慮而有備好治者貪進而寡憂多慮而有備者清外以實內貪進而

寡憂者多事以虛國漢武承三世之富長
駕遠覽思欲易當世之故而納之昭大之
域其志甚烈也然不易紀而虛耗者好治
之過也故張湯弘羊衛青之徒功日高而
漢日敝矣夫帝之心亦豈樂漢之敝而導
之於騖外之意甚故人得以迎之而不自
覺耳故曰功實之辨不可不察也是則治
忽幾微者天所以啓人之戒也豫為之所
者人所以存乎戒也功實之辨者所以盡

乎戒之善也故啓以戒者天之權存乎戒者人之理盡戒之善者治之實也安國家之道盡於此矣雖然此吳起告武侯之言也夫吳起以兵為國者也而其言若是然則起固深於治體也哉

又

馬上中　箭

步下中　箭

同考試官署員外郎邊　批　本之以理充

之以氣潤之以學斷之以識真奇作也錄

之

同考試官署郎中任　批　辭華激越

藻思精深才美而得筭多且要決成塞上

功名耳

同考試官都給事中朱　批　慷慨激烈

之氣誦之凛然得士如此可以賛

千羽之治矣

同考試官都給事中錢　批　此作反復乎兵談而先戒微意溢出言外文古旨深可以式矣

考試官侍讀屠　批　武士談兵亦復中的篇末論更正

考試官右諭德張　批　有萬全之謀可以制勝閫外矣

王者之為兵也以輔德保民固成業而弭隱虞也夫王業之肇搆也其艱難勤毖積

功修德累數十年而後海內幸有旦夕之安長慮究圖欲垂罔極然患禍之至乃往往竊發于不虞以是見國之于民安定之甚難而撼撓易也聖王知其然寰宇雍穆朝野閑豫而軍旅之備肅然無弗戒者兵貴制勝于無形未至而待之豫也故習三軍之事而懸權以聽于天下敵國不待試而詘邊鄙有謀而不敢逞無鬬名無勇功及其有一朝之變而天下群至以應若待

命而戰以敵當之譬之疾風之凌萎黃出太阿于室攖者劘耳是以社稷奠安民無凶札中外禔福而德澤長久也不善守國者則恒后至而不相及於敵人之應也無所用之嗚呼豈獨將有羸拙士有勇怯哉亦戒之豫與不豫故爾易之豫曰利建侯行師此之謂也何以言之今夫人之謀衣者非寒而后蠶之也謀食者非饑而後樹之也匹夫且然而況天子之守四海乎古

將陷而不可援士逸而不可為用夫焉得
而弗危故河山非所以為險也勾戟長鎩
非所以為利也惟天子有不忘戰之心則
為謀豫謀豫則無所不備無所不備則無
所不可與制勝是故始戒于廟堂而貽曠
于四海之外非必提桴鼓而后行謀也非
必敵人形之而后陣也方其野無遺警兵
革不試而其心獨曰吾不可以無作戰於
天下將不知變不可與受命不蒐伍不可

與合敵不明賞罰不可與用死不肅金鼓旗壘進退攻剌之節不可與一耳目不審山林菹澤險阻迂直之形不可與行軍爭不揣虛實巧拙之勢不可與置久速鄉帥旅亞不易而具卒兩車乘不飭而堅士氣麤勇不厲而作進退行列不申而諭弱而素强之亂而素治之辭而素合之不足而素周之因利權制爲之勢以馭變故兵不動而有衡加天下之形天下聞之而有

承德無叛命濊澤不閼而社稷無靡難者
謀之豫故也假有不用命者倡亂于卒干
威王室則吾且得以高拱深揖而徐議其
后攻吾所備則無可爲攻出其不意則奄
忽而不可與逆撓而取之秖見其群鹿而
撅網也其何以越志而議釁哉不然兵弛
而不用武翫而不震朝無授命之將野無
格虜之士天下名曰治安謂其爲幸存之
國可也雖然此固吳起之所及者言之也

非其至也仁賢不進讒佞並與國無善政民有饑色則天下固有凛然莫敢必其命者雖蚩尤之兵固無救於危亡之國也王者登崇哲良斥遠幸御煩苛不施費弛逮下倉庾充殷田野闢治民懽然胥戴其上雖有巨姦強敵無釁而不得肆故曰王者有金湯焉是三王之上治也

武舉錄後序

維秋九月武會既同將報成事于

上臣應璞乃稽首而歎曰休哉丕隆乎是治之昌而教化之淪洽也形效斯覩矣今年春臣佐一二元僚典闈文試其言宏肆而揚厲

至于終篇經武之略蓋有餘規
焉逮茲試也偕右諭德 臣 治 暨
諸同事臣授用覽觀之言斐然
殊章極王伯之謨用究孫吳之
指要援古往以證形實馳仁騁
義異應同程則相與駮曰是所
校騎騰步踔射命的力貫侯者

歟何其文之秉道式經備雍容揖遜之體也臣于是知文武士之具材矣昔者先王馭世戡亂定興弛張並用才賢憑生則亦有靖内攘外附衆威敵不二心之臣周懿兼美立國家之藩屏焉至于六月之詩稱吉甫文武

則周道粲然復振中興之盛于
此其徵之世詘道離取舍異嚮
秉文者黜介士弘武者譏儒行
聖王全備之道缺而茀章
明興以來威德爾昭統一
皇度
主上承

天纘服建文武全德作之表極耿光
駿烈覲我
二祖綱紀禮樂天地爲昭焉凡在函
夏莫不循承休用踆躡絕景至
于紳掖殳矛之士雲從飈馳胥
應于世皆彬彬兼有其能得人
之盛于斯乃見非

聖人之化之所顯冒則士之興也其
能若此夫武者猶謂閱武肄兵
撥文不足以得士夫文之用固
莫殊兵也屬事錯辭棼然聽于
其意是將之主而三軍之仰令
也闔徐衝擊進退從律批亢擣
虛隨意出入是堅瑕之交而奇

應天府鄉試錄序

維

天子御極之十有九年庚子秋八月

天下例選士于鄉應天府預以

請 臣治臣用卿遂祗

命往典若文事事竣乃錄所中式者

之名氏與文以

獻且傳之四方也臣治作而嘆曰
文不已盛乎在昔甲午之歲臣
嘗承乏于茲役今且再至焉視
其文比之昔益加盛矣夫
明興百有七十餘年以人文化成
天下天下之人日相究于文
經制宣備皇澤周洽洋洋焉與三

代同風
君術明臣道得也迨我
皇上履純仁躬至德被六藝憲經飭
禮敷賁人極蓋煥乎有文章矣
薄海內外罔不翕然丕變承
休光也矧夫南畿爲我
聖祖肇迹之地

鴻猷閎化昌被人物而豐芑涵育
視外服先焉周宜彬彬焉稱盛
美四國也然文實盛衰之機君
子懼之何也古之人所貴於有
文者將以飾德表行安衆軌物
杼軸乎天人之理敘正乎君臣
之宜繇之可察時變觀化成也

舜禹之代股肱昌言敘九功修
六府曰都曰俞殷周之隆則有
伊訓說命旅獒金縢之書以戴
翊其世咸有大烈格于天地及
其衰也實不勝其文而化成之
意微矣孔子曰如用之則吾從
先進蓋傷之也是故君子弗懼

乎文也懼乎文之盛而實焉者
之或寡也夫實者道之根于中
也譬諸草木植其根焉則枝葉
之蔭也遠矣記曰天下有道則
行有枝葉其實之謂與或曰文
損益者時也而變之則存乎其
人故韓愈出而唐之文變歐陽

脩出而宋之文變機使之然也曰文以形道也而道者所繇以適于治之路也夫苟至于道矣文損益弗害也變于文弗由于道是舍經緯而組繢之無所措矣又烏足以語化成之理哉唐宋之治所以不能於三代者獨

文也與是故君子弗懼乎文之盛也懼乎文之弗由于道而政治因之也傳曰生於其心害於其政發於其政害於其事吁可畏哉方當

天子文敎之隆爾多士勉旃毋自虛也是舉也提調則府尹臣金府

丞臣鄰臣任之同考則學正臣富泰教諭臣顯虞臣載道臣綸臣祖臣宗易臣桂臣鑛訓導臣承儉任之監試則御史臣黼臣賓任之咸胥飭以事諸曹六館之士暨督學御史臣宜所簡以試者凡四千四百而奇試而舉者百三十有五

人遵

成制弗敢過也

翰林院學士奉議大夫兼右春坊右諭德張治謹序

嘉靖十九年應天府鄉試

提調官

應天府府尹戴金 純夫湖廣漢陽縣人 甲戌進士

應天府府丞李舜臣 懋欽山東樂安縣人 癸未進士

考試官

翰林院學士奉議大夫兼右春坊右諭德張治 文邦湖廣茶陵州人 辛巳進士

奉訓大夫右春坊右諭德兼翰林院侍讀龔用卿 鳴治福建懷安縣人 丙戌進士

同考試官

河南南陽府裕州儒學學正陳富春 肇元福建莆田縣人 戊子貢士

河南衛輝府獲嘉縣儒學教諭姚顯庚 以玄四川瀘州人 丙子貢士

福建延平府順昌縣儒學教諭張載道 彥文江西德興縣人 戊子貢士

山東東昌府茌平縣儒學教諭顏　鑰 子啓江西永新縣人 甲午貢士

山東兗州府金鄉縣儒學教諭諸　祖 子俊浙江山陰縣人 甲午貢士

湖廣武昌府武昌縣儒學教諭莫宗易 特可廣西馬平縣人 辛卯貢士

湖廣寶慶府新化縣儒學教諭方　桂 德馨福建懷安縣人 甲午貢士

江西吉安府永寧縣儒學教諭王　鑛 公領福建福州中衛人 甲午貢士

福建建寧府壽寧縣儒學訓導唐承儉 宗尚廣西臨桂縣人 辛卯貢士

監試官

文林郎南京山東道監察御史朱　黼　楚章江西安福縣人　丙子貢士

文林郎南京江西道監察御史利　賓　道夫廣東歸善縣人　壬午貢士

收掌試卷官

奉議大夫應天府治中閻　俸　允兼陝西隴州人　丙子貢士

印卷官

應　天　府　通　判張　珊　良夫江西吉水縣人　乙酉貢士

承務郎應天府推官胡　洲　登之河南潁川衛人　庚午貢士

受卷官

應天府溧陽縣知縣沈　錬　純甫浙江紹興衛籍　麗水縣人戊戌進士

虎賁右衛經歷司經歷顧孝　移忠四川營山縣人　監生

彌封官

應天府句容縣知縣周仕　用賓江西廬陵縣人　癸酉貢士

寧國府涇縣知縣黎鄉　宗裕江西崇仁縣人　辛卯貢士

謄錄官

應天府上元縣知縣程爃　文純江西南城縣人　丙子貢士

徽州府歙縣知縣高節　汝瞻大興左衛籍嘉森求詩縣人　戊戌進士

豹韜左衛經歷司經歷戴廷恩　蓋臣雲南六和縣人　丙子貢士

神策衛經歷司經歷瞿廷顯　德明浙江蕭山縣人　監生

對讀官

應天府江寧縣知縣監　因　世化山東即墨縣人　官生

太平府當塗縣知縣姜　沂　仲宗陝西澄城縣人　壬午貢士

錦衣衛知事董希閔　汝孝陝西隆德縣人　監生

巡綽官

安慶衛指揮同知楊　舉　伯賢山東歷城縣人

建陽衛指揮僉事張　翔　凌漢直隸壽州人

搜檢官

留守右衛正千戶郭　端　文正陝西華陰縣人

留守後衛副千戶陸倉 邦賑直隸懷遠縣人

留守前衛實授百戶徐漢 文昭直隸懷寧縣人

留守左衛實授百戶趙璽 廷玉直隸遂安縣人

供給官

應天府經歷司經歷鄧鶚 九霄江西崇義縣人 監生

應天府照磨所照磨丁朝宗 希紅山東蒲州人 監生

應天府江寧縣縣丞郭廷輅 時制山西文水縣人 監生

應天府上元縣主簿李奇章 公甫四川瀘州人 監生

應天府高淳縣主簿張聰 惟德直隸阜城人 吏員

應天府句容縣典史 范 良 宗脩 浙江鄞縣人 吏員

應天府溧陽縣典史 李 秀 實之 廣西靈川縣人 吏員

應天府溧水縣典史 譚元吉 敬卿 湖廣衡陽縣人 吏員

應天府都稅司大使 李一經 大綸 雲南安寧州人 知印

應天府聚寶門宣課司大使 王 偉 邦彥 河南息縣人 吏員

應天府龍江驛驛丞 蔡文盛 抑甫 福建將樂縣人 承差

應天府江寧縣江寧驛驛丞 馬 府 士毅 山東曹州人 承差

應天府句容縣龍潭驛驛丞 賴 瑞 廷祥 江西新城縣人 吏員

應天府六合縣棠邑驛驛丞 馬 錫 君賜 山東東平州人 承差

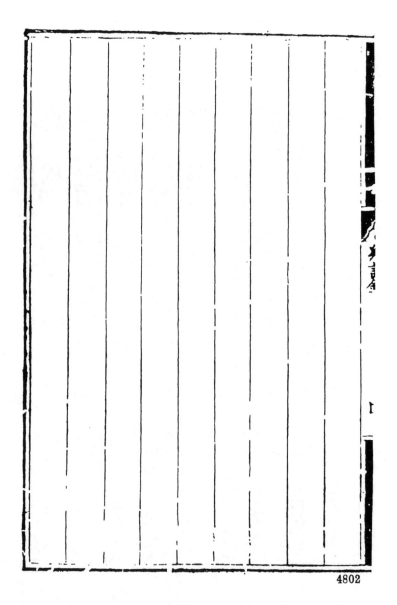

第壹場

四書

顏淵問仁子曰克己復禮爲仁一日克己復禮天下歸仁焉爲仁由己而由人乎哉

子曰武王周公其達孝矣乎夫孝者善繼人之志善述人之事者也

堯以不得舜爲己憂舜以不得禹皐陶爲己憂夫以百畝之不易爲己憂者農夫

也

易

夫大人者與天地合其德與日月合其明與四時合其序與鬼神合其吉凶先天而天弗違後天而奉天時天且弗違而況於人乎況於鬼神乎

家人有嚴君焉父母之謂也

聖人立象以盡意

爻有等故曰物物相雜故曰文

書

光被四表格于上下

王曰旨哉說乃言惟服乃不良于言予罔

聞于行說拜稽首曰非知之艱行之惟

艱王忱不艱允協于先王成德惟說不

言有厥咎

汝則從龜從筮從卿士從庶民從是之謂

大同

惟周公克慎厥始惟君陳克和厥中惟公

克成厥終三后協心同底于道

詩

無已大康職思其居好樂無荒良士瞿瞿

樂只君子殿天子之邦樂只君子萬福攸

同

文王有聲遹駿有聲遹求厥寧遹觀厥成

文王烝哉

侯主侯伯侯亞侯旅侯彊侯以

春秋

冬築郿　臧孫辰告糴于齊 俱莊公二十
有八年
秋七月公會齊侯宋公陳世子款鄭世子
華盟于甯母 僖公七年
楚人伐鄭 僖公元年 秋九月齊侯宋公江
人黃人盟于貫 僖公二年 楚屈完來盟
于師盟于召陵 僖公四年 冬楚人陳侯
蔡侯鄭伯許男圍宋 僖公二十有七年
夏四月己巳晉侯齊師宋師秦師及楚

人戰于城濮楚師敗績僖公二十有八
年
冬楚公子貞帥師伐鄭襄公八年
禮記
天子布德行惠命有司發倉廩賜貧窮振
乏絶開府庫出幣帛周天下勉諸侯聘
名士禮賢者
故樂行而倫清耳目聰明血氣和平移風
易俗天下皆寧

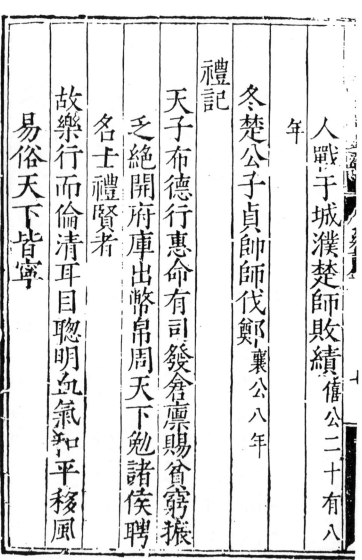

推而放諸東海而準推而放諸西海而準
推而放諸南海而準推而放諸北海而
準
天有四時春秋冬夏風雨霜露無非教也
地載神氣神氣風霆風霆流形庶物露
生無非教也
第貳場
論
孔子之謂集大成

詔誥表內科一道

擬漢開賢良文學民所疾苦詔始元六年

擬唐加房玄齡太子少師誥貞觀十三年

擬恭上

皇天泰號暨加上

皇祖高皇帝

文皇帝

皇考獻皇帝尊號禮成羣臣賀表

判語五條

信牌
錢法
祭享
夜禁
越訴

第叁場

策五道

問昔人有言欲觀聖王之迹則於其粲然

者矣故古帝王之有天下其典章經制

咸有紀載所以詔當時令來世也虞夏
商周之盛謨言典訓班班可攷見自漢
而下則有志傳八書六典會要經世之
作其亦可以比美於典謨否歟我
太祖高皇帝統天立極奄有萬國
成祖文皇帝中定險艱業兼創守故疆域之廣
前古以來莫或過之至於
立法垂訓以定保萬世者尤精且密也
英宗睿皇帝嘗命儒臣輯

大明一統志而
孝宗敬皇帝又嘗命儒臣輯
大明會典昭混一之盛著經綸之迹亦詳備
矣而或者猶不能無遺論焉可指其一
二歟正統而後今且百年人文章訓代
有更易我
皇上中興馭宇憲經崇古制作一新則夫彰往
緒揚
休烈以詔諸無窮著非今所有事歟如有作

也宜何所取裁而後爲盡善歟考制度審憲章博聞而強識之固通儒事也爾其詳著以告我焉

問自古帝王之有天下其所以爲後世子孫之慮未有不深且遠者粤稽在昔禹有典則之詒湯有風愆之儆文武有謨烈之啓佑皆是道也秦漢而下若傳以刑獄教以法術者固不足言矣然有設六傳者有置賓客等官者有設崇文崇

賢桂坊諸館局者其建置不同亦有古
之遺法否歟有作帝範者有著戒子篇
者有作元良述者有著承華要畧者其
述作不同亦有古之遺意否歟我
太祖高皇帝肇造區夏功邁百王見高千古即
位之初首建大本堂延訪四方名賢碩
士以充輔導之官又作爲
儲君昭鑒錄以賜
皇太子及

諸王其爲
聖子神孫之慮詳且悉矣及我
成祖文皇帝繼體守文丕振前烈又輯爲
文華寶鑑一書以賜
皇太子不知是書也其義何所取歟於我
太祖之錄亦有所述歟其於一事之善惡亦在
所錄者果何謂歟恭惟
皇上膺天眷命茂建
元良大啓藩輔

心學之傳自有
家法本之身而作範固有餘裕矣今
睿性日開出閣講讀行有日矣臣子忠愛之
心有懷而不能已將順啓沃之誠有可
爲
青宮燕閒萬一之助者諸士子其敬陳之詩
曰詒厥孫謀以燕翼子正
皇上今日之所欲聞也
問古樂弛缺久矣漢文帝嘗得魏侯樂工

所肄以獻者周官之大司樂也當時兵偃民安樂固可興胡乃未遑耶夫大合樂九變以致鬼神示又分而序之其九韶六列六英之遺乎自黃帝作清角施英韶其本聲固在也胡後世無復知之反謂此文不經自相背戾然則周官固僞書歟抑虞書商頌亦有所符歟王通氏所論蓋得其緒義矣師文師開師襄之所習見於子史者無乃其遺聲歟將

欲興古樂以追虞周之盛而其本安在
歟請試言之
問士有尚友之志於古之人猶將誦其詩
讀其書以論其世而師其人況於國之
故乎況出於其鄉者乎唐虞遠矣三代
而下如漢如唐如宋有一代之興必有
一代之臣相與乘時樹勳以成一統之
業載在史冊班班可考其間有事功顯
著名當時而光後世者亦可指而言之

歟我
國家誕膺景命肇迹金陵一時豪傑雲興雷
動相率而興以贊翊
皇祖削平羣雄廓清海宇十有五年克成配天
之烈其勳業銘諸策府誠爲千載
明良之遇不偶然也其有首倡大義光輔洪
業爲元功之冠者若武寧忠武武莊武
順襄武昭靖諸臣固天下萬世之所共
知者也又有親爲

皇姪者有貴爲
帝甥者有父子者有兄弟者有父子兄弟萃於
一門者大率皆畿輔之產也諸士子生
長太平地連圻甸於
國家之故實鄉邦之典刑得無有尚友之志
邪以擊壤之老人猶能頌帝力於何有
況士之知道者乎夫讀典謨而思二帝
誦訓誥而慕三王今天下之所以長治
久安者孰使之然邪其詳著于篇以觀

諸士之志

問東南財賦所出之地惟三吳爲巨而三吳之田則水利爲最急也凡論政者必先焉試與爾諸士商之書曰三江既入震澤底定今蘇松其地也而儒先所論則各有不同者其是非果何所折衷耶職方曰其藪具區其浸五湖即所謂震澤也夫地一而乃有浸藪之異湖一而乃有五者之名其取義亦何所據耶古

之言治水者莫詳於單鍔今其書尚存可舉而行耶又嘗考之自漢而下治吳有成績者代不絕也其於單鍔所論果盡合耶今昔代異陵谷形殊酌土地之宜與無窮之利亦有可以補鍔論之所未及者耶民力漸疲而財賦之需日益煩重亦有可以紓目前之患以爲吾民息肩之計者耶爾諸子東南之產也當究心於此矣願昌言之以悉爾經世之

志

中式舉人一百三十五名

第一名趙鈛　桐城縣學生　書

第二名歸有光　崑山縣人監生　易

第三名楊準　宜興縣學附學生　詩

第四名方元儒　崑山縣學生　禮記

第五名林樹聲　華亭縣學生　春秋

第六名董克大　上海縣學增廣生　詩

第七名周道光　太倉州學生　易

第八名沈應元　常熟縣學生　禮記
第九名萬士和　宜興縣學生　書
第十名吳守教　徽州府學增廣生　春秋
第十一名范惟一　華亭縣學生　詩
第十二名徐輅　浙江海寧縣人監生　易
第十三名鄭伯興　無錫縣學附學生　詩
第十四名李公度　泗州衛人監生　書
第十五名陳斗南　鹽城縣學生　詩
第十六名彭應麟　華亭縣學生　詩

第十七名盧　晉　潁州學生　易
第十八名唐邦彥　松江府學增廣生　詩
第十九名宋裴孚　崑山縣學生　春秋
第二十名饒鳳詔　江西新淦縣人監生　詩
第二十一名楊道南　松江府學附學生　禮記
第二十二名沈熙載　崑山縣學生　易
第二十三名劉　兌　湖廣衡陽縣人監生　書
第二十四名何良傅　華亭縣人監生　詩
第二十五名徐　岱　蘇州府學附學生　易

第二十六名周　鏊　武進縣學增廣生　詩

第二十七名沈敷德　吳江縣學附學生　易

第二十八名葉應麟　建德縣學生　詩

第二十九名張　基　吳江縣學生　春秋

第三十名陳　堪　浙江縉雲縣人監生　易

第三十一名方若坤　祁門縣人監生　禮記

第三十二名江　珍　歙縣學生　詩

第三十三名陳舜卿　江陰縣學附學生　書

第三十四名何　堅　江都縣學生　易

第三十五名陳繼志　金壇縣學生　詩

第三十六名章宗實　崑山縣學生　詩

第三十七名狄從周　崑山縣學增廣生　易

第三十八名湯　桓　蘇州府學附學生　春秋

第三十九名李　紀　泗州學生　書

第四十名淩約言　浙江烏程縣人監生　詩

第四十一名張　侃　淮安府學生　禮記

第四十二名徐　縉　丹徒縣人監生　詩

第四十三名何雲鴈　浙江分水縣人監生　易

第四十四名秦禾　無錫縣學附學生　書

第四十五名焦玄鑑　太平縣儒士　詩

第四十六名袁祖庚　長洲縣學生　易

第四十七名龔情　松江府學生　詩

第四十八名章美中　崑山縣學附學生　春秋

第四十九名顧子嘉　太倉州學附學生　詩

第五十名宋鑒　浙江烏程縣人監生　易

第五十一名蔣球玉　蘇州府學生　禮記

第五十二名丘緯　常州府學生　詩

第五十三名陸本枝　長洲縣人監生　書

第五十四名萬烱　浙江武康縣人監生　易

第五十五名唐時卿　鳳陽府學生　詩

第五十六名李文麟　無錫縣學附學生　書

第五十七名劉蘭　蕪湖縣學生　詩

第五十八名陳善　蕪湖縣學增廣生　易

第五十九名黃器垂　江西清江縣人監生　詩

第六十名謝應徵　華亭縣學生　詩

第六十一名袁濱　通州學生　禮記

第六十二名魏九章　臨淮縣學生　書

第六十三名陳大經　江陰縣學附學生　春秋

第六十四名陳忠言　吳江縣學附學生　易

第六十五名王　業　蕭縣學生　詩

第六十六名曹大本　南陵縣學生　詩

第六十七名樊　灌　揚州府學生　書

第六十八名曹　悅　鎮江府學生　易

第六十九名汪　任　祁門縣學生　詩

第七十名張祥鳶　金壇縣學增廣生　書

第七十一名童如衍　浙江永康縣人監生　易

第七十二名夏　儒　丹徒縣學生　禮記

第七十三名蔡懋昭　上海縣學附學生　詩

第七十四名馮行可　華亭縣人監生　詩

第七十五名蔡　勳　泰興縣學生　春秋

第七十六名王陳策　泰州學增廣生　詩

第七十七名阮　垕　應天府學增廣生　易

第七十八名楊　成　蘇州府學附學生　書

第七十九名趙　瓊　涇縣學生　詩

第八十名張　科　太湖縣學生　詩

第八十一名張　錦　句容縣學生　易

第八十二名何　寅　浙江富陽縣人監生　詩

第八十三名顏　芳　應天府學增廣生　書

第八十四名張承芳　巢縣人監生　詩

第八十五名沈應魁　常熟縣學附學生　禮記

第八十六名高　裕　溧陽縣學生　易

第八十七名周　岱　泰興縣學附學生　詩

第八十八名俞　喬　休寧縣學增廣生　春秋

第八十九名陸　經　常熟縣學生　詩

第九十名錢志學　松江府學生　書

第九十一名朱　文　應天府學增廣生　易

第九十二名呂　信　淮安府學訓導　詩

第九十三名鍾　振　松江府學增廣生　詩

第九十四名吳　嶽　武進縣人監生　易

第九十五名饒　瑶　寧國縣人監生　書

第九十六名張　炫　涇縣人監生　詩

第九十七名皇甫渙　吳江縣人監生　易

第九十八名湯明善　江陰縣學附學生　詩
第九十九名陳大訓　長洲縣學附學生　易
第一百名秦涵　無錫縣學生　書
第一百一名陳墀　浙江餘姚縣人監生　禮記
第一百二名陳佐　鎮江府學生　易
第一百三名華士弘　無錫縣學附學生　春秋
第一百四名張瑀　江陰縣學附學生　詩
第一百五名盧慶　和州學生　詩
第一百六名吳棟　浙江崇德縣人監生　易

第一百七名郭忠顯　宣城縣人監生　書

第一百八名徐　坤　建德縣學生　詩

第一百九名龐　逵　吳江縣學附學生　易

第一百十名謝　元　潛山縣學生　詩

第一百十一名張　祚　定遠縣人監生　詩

第一百十二名袁子龍　興化縣學生　易

第一百十三名張　在　六合縣學生　春秋

第一百十四名王　諍　湖廣竹山縣人監生　詩

第一百十五名趙　銳　桐城縣人監生　書

第一百十六名程敬思　安慶府學附學生　詩

第一百十七名葉志道　無為州學生　詩

第一百十八名張　膽　高郵州人監生　書

第一百十九名唐　愛　嘉定縣學增廣生　易

第一百二十名王　銑　吳江縣學生　詩

第一百二十一名張　習　寶應縣學生　易

第一百二十二名唐志大　上海縣學增廣生　春秋

第一百二十三名潘時望　江西永豐縣人監生　書

第一百二十四名趙　相　滁州學生　詩

第一百二十五名汪邦奇　祁門縣學增廣生　易

第一百二十六名王之路　松江府學附學生　書

第一百二十七名侯恩　壽州學生　詩

第一百二十八名丁意　亳州學生　易

第一百二十九名梅恒　應天府學生　書

第一百三十名王柱　涇縣學附學生　詩

第一百三十一名沈璐　崑山縣學生　易

第一百三十二名成憲　無錫縣人監生　春秋

第一百三十三名鄒應奎　無錫縣學附學生　書

第一百三十四名周儒　應天府學生　書

第一百三十五名路伯鏜　應天府學附學生　書

第壹場

四書

顏淵問仁子曰克己復禮爲仁一日克己

復禮天下歸仁焉爲仁由己而由人乎

哉

同考試官訓導唐　批　是學顏子之所學

者

同考試官教諭顏　批　是善言心學者

考試官左諭德龔　批　孔顏傳授心法此作盡之

考試官學士張　批　精當

大賢之學求乎心聖人告以作聖之要焉蓋克己復禮學者所以作聖之功也夫子以之告顏淵焉其斯爲傳心之要者乎顏淵之問若曰學以學乎其心也心之德莫大乎仁而聖教之所先焉其道果何如哉夫子告之意謂人之一心靜虛應物者其本體也累於私則蔽而窒矣誠

能於其形氣之所梏者而决去之必力好惡一本乎當然之則動以天不淆以人也於其外物之所誘者而捍禦之必嚴念慮一由乎義理之正制其外以養其內也夫然則私欲淨而天理存全體立而大用行矣爲仁之道其在是乎然仁者人心所同得也其或異之者公私之別耳一日之閒能變其異而反其同焉則無我之公通乎人而無閒同此心也同此理也一德之渾融天下共由之道矣人其有不歸者哉仁者吾

心所固有也其或違之者敬肆之分耳一念之
微能察之精而守之一焉則脩爲之機係乎我
而無難進吾往也止吾止也此心之操舍天理
存亡之地矣人其得而與之也哉是則理欲之
辨心之邪正所係聖狂之所由判焉者也夫子
之言其蓋因顏子之賢而進之以聖功者歟是
道也豈惟學者爲然哉治天下之術亦不外此
耳故精一執中不遹不殖堯舜湯武之所以帝
王者也後世之君吾惑焉一念弗謹而貽禍於

天下之大萬世之遠卒至於亂亡而後已吁可
悲也程子曰有天德者可以語王道其要只在
謹獨蓋有得於克復之義矣

子曰武王周公其達孝矣乎夫孝者善繼
人之志善述人之事者也

同考試官教諭諸 批 莊重典雅

同考試官教諭姚 批 以繼述之善見聖
孝之達甚得本旨

考試官左諭德龔　批　能道武王周公意中

事

考試官學士張　批　發揮善與達處有味

中庸言二聖爲孝之達以其繼述之不違於道也蓋聖人之行不同而同於道耳武王周公之所以爲達孝者其以是歟中庸引孔子之言以明道之費也如此其意蓋謂孝也者所以立人子之極也然由之而或歉於道焉則孝之用窮矣又惡足以語達哉武王周公因心以廣孝也

凡其纘往緒以成先德者蓋可通之千萬人而無間焉明義以從道也凡其永孝思以昭嗣服者蓋可行之千萬世而不易焉謂非孝之達而何其何以見之亦惟以其繼述之善而已蓋先人之志其蘊諸心術而所以爲佑啓之地者莫非道也違之而弗繼焉固不可以言孝苟繼而弗善猶弗繼矣武王周公則率乎理義之安者而推行之迹雖不同而中之所存固昭格而無愧蓋所繼者道也其不能繼者迹也不繼之繼

蓋深於繼矣先後其一揆者乎先人之事其見諸設施而所以爲創垂之善者莫非道也悖之而弗述焉固不可以言孝苟述而弗善猶弗述矣武王周公則酌乎常變之宜者而時措之時雖不同而身之所處固昭今而無二蓋所述者道也所不能述者時也不泱之述蓋深於述矣易地其皆然者乎如是則爲之於武王周公者固其先人之所安焉者也異世而同神殊行而一致此其所以爲孝之達而能盡道也歟抑嘗

讀泰誓曰惟我文考若日月之照臨光于四方顯于西土惟我有周誕受多方又曰予克受非予武惟朕文考無罪受克予非朕文考有罪惟予小子無良夫稱文王之德以信于天下而又懼傷其志焉曰文考無罪曰非朕文考有罪則武王之心誠有不得已者矣是故應天順人之舉追王太王王季之禮後世無議焉亦以其心之由於道耳不然則文王之憂且不能釋而武王周公之孝何以言達哉

堯以不得舜爲己憂舜以不得禹臯陶爲
己憂夫以百畝之不易爲己憂者農夫
也

同考試官教諭莫　批　堯舜憂於得人寔
爲天下而憂此作得之用録以式

同考試官教諭張　批　聖人不必耕之意
發揮殆盡

同考試官學正陳　批　堯舜憂民之大孟

子闢邪之嚴發明剴切讀之令人有警省處

考試官左諭德龔　批　孟子闢許行之意是如此

考試官學士張　批　是知先天下之憂而憂者

聖人之憂民所務者大而不屑於其小焉夫人君之治天下莫大於得人也堯舜之所憂者此耳夫豈容心於耕哉今夫事有似是而實非者許行並耕之說是也衆人惑之故孟子辯焉又

此葢謂人君之爲治也有當爲之事有不必爲之事當爲者分也所不必爲者勢也盡吾分之所當爲而勢之所不得爲者吾無容心焉盡亦觀諸堯舜之治天下乎是故天下未平堯固嘗憂之矣然堯之憂民豈事事而憂之哉使事事而憂之則爲堯者亦窮矣於是選於衆無如舜者思天下之大非得舜以治之不可也是則可憂也憂之如何惟欲得舜矣得舜則萬邦協和四方風動之效可必也未得夫舜非徒無以釋

吾之憂而實無以釋天下之憂堯之心其能一日而已乎逸居無教舜固嘗憂之矣然舜之憂民豈事事而憂之哉使事事而憂之則爲舜者亦窮矣於是選於衆無如禹皐陶者思天下之大非得禹皐陶以任之不可也是則可憂也憂之如何惟欲得禹皐陶矣得禹皐陶則地平天成明刑弼教之化可臻也未得乎禹皐陶非惟有以重吾之憂而且以遺天下之憂舜之心其能一日而釋乎夫堯之所憂者在舜自舜之外

堯固無所畀其心也舜之所憂者在禹皐陶自禹皐陶之外舜固無所用其心也若乃百畝之分一夫所受時其穡事而或地利之不盡其宜耰其播種而或人事之不齊其力則農夫之事農夫之責也堯豈憂之舜亦豈憂之哉何也勞力之事非勞心者所宜親也小民之務非大人者所能辨也蓋事有本原治急先務得其本則心不勞審所先則事有序而天下之治成矣故曰堯舜之智而不徧物急先務也堯舜之仁不

很愛人急親賢也爲治者取法於堯舜而已矣尚可以他求乎觀此則不惟不暇耕而亦不必耕矣抑此理勢之固然也而無逸之訓七月之章周公拳拳以稼穡蠶桑告成王又何歟蓋欲知小人之依而重王業之本也夫惟知小人之依故不必爲小人之事不然則否德忝於位而衆以爲殃矣周自后稷以來世守此心以爲家法故能享有道之長而治爲獨盛後世取之盡其財用之盡其力至乃殘民以逞而先王之志

荒矣嗚呼是心也不知者惑也爲之者借也旣不爲又不知者亂也夫然後知堯舜之憂民也

大易

夫大人者與天地合其德與日月合其明與四時合其序與鬼神合其吉凶先天而天弗違後天而奉天時天且弗違而況於人乎況於鬼神乎

同考試官訓導唐　批　認理精切造語清

新蓋精於易學者

同考試官教諭顏　批　發得大人體道意

盡

考試官左諭德龔　批　潔靜精微

考試官學士張　批　是深於易理者之言

人有以合天人而無間者體乎道而已矣夫

貫天人而一之者也大人以道爲體矣此其

所以合之而無間歟又言申乾九五利見大人

之意蓋謂大人之所以爲大而人之從之者豈徒以其位哉以道焉耳何則天地之大也日月之明也道也大人則道以爲體故至誠無息者貞觀之神也旁燭無疆者貞明之運也蓋與之相脗合焉四時之序也鬼神之吉凶也道也大人則體道不二故與時偕行者變通之化也張弛並用者屈伸之機也蓋與之相流通焉道隱於未形也大人則先乎天而章之有創于始者皆理之必然人之所啓天固從之不知人之爲

天矣道顯於有迹也大人則後乎天而順之成
能於人者皆理之不易天之所畀人固行之不
知天之爲人矣夫天與大人本異致也而道之
所在天亦不能以自異如此則夫人與鬼神固
道之所囿也又豈有能違之者哉吾見言而天
下法也行而天下則也民雖無常懷而懷于仁
固不俟強率之術而自歸於維皇之極矣郊而
天神格也廟而人鬼享也神雖無常享而享于
誠固不假禜禳之煩而自依於明德之馨矣是

則人與鬼神非有心於大人也道之所在自不容於違也乾之九五所以爲飛龍在天而物所利見者其以是歟抑嘗論之人與天地本同一體初未或異也特蔽於有我之私而後相遠耳此道心人心之訓堯舜禹所以惓惓於授受之際也後之不識乎此者徒從事於矯誣之術而不知天之棄之也益甚矣是故有憲天之學而後可以言格天之功有格天之功而後可以言配天之治

聖人立象以盡意

同考試官訓導唐　批　能發揮聖人立象之旨傑作也

同考試官教諭顔　批　聖人意盡於象子能發之亦得意而忘象者

考試官左諭德龔　批　善言聖人之蘊

考試官學士張　批　畫前之易如此

聖人之精因畫以示也蓋象之所示者深也奇

耦二畫立而聖人之精蘊寓焉然則易也者其性命之源乎夫子之意若曰教天下無窮者聖人之心也傳乎心而不能盡者聖人之言也以不盡之言而病無窮之意固非聖人之所欲因言之不盡而遂使其意之不傳焉又豈聖人之心哉是故仰觀俯察見天地之道不外乎陰陽也於是擬而度之其一而實者則畫一奇以像焉其專也其直也其剛而健也凡陽之隱於無形者皆形之矣蓋陽其未畫之奇而奇其既畫

之陽歟其二而虛者則畫一耦以像焉其翕也其闢也其柔而順也凡陰之涵於無象者皆象之矣蓋陰其未畫之耦而耦其既畫之陰歟由是因形以觀理也可以見天地之撰焉可以見萬物之情焉乾坤之成列包含其無窮乎由象以識情也可以見神明之德焉可以見幽明之故焉奇耦之定位變化其無方乎雖曰無文之畫耳然畫以畫心也心之所示蓋有非文之所能盡文以不文者天下之至文也聖人所以開

物成務而同患於斯民者於此具見矣雖曰無言之象耳然象以象理也理之所繫蓋不待於言而後盡言以不言者天下之至言也聖人所以範圍曲成而前用於天下者殆無餘蘊矣吁象盡乎聖人之意則象不可以器觀意盡于易畫之象則意有可以神會由象以達意焉此在善學易者之自得耳大抵道也者天地之易象也者易書之易意也者聖人之易然要之不外於吾心而已吾心與天地聖人本無不同也學

易而能求諸吾心則聖人之意可得能得乎聖人之意則天地之道在我易自我出則象可以無竝矣況於卦乎況於辭乎故曰神而明之存乎其人不然則狗象喪心失意傳言是亦守筌而魚亡哺糟醨而醪棄之其於易之道也遠矣

書

王曰旨哉說乃言惟服乃不良于言予罔聞于行說拜稽首曰非知之艱行之惟艱王忱不艱允協于先王成德惟說不

言有厥咎

同考試官教諭諸　批　高宗求諫之誠傅
說責難之恭發揮盡矣

同考試官教諭姚　批　說高宗傅說心事
語明意盡蓋經義之精者

考試官左諭德龔　批　盛世君臣之交相戒
如此

考試官學士張　批　有商中興之盛可以

想見

君臣相與以言行之實有商中興之盛也蓋言

行所以出治道成德業也有商君臣之相與以

實如此則其成中興之盛也宜矣昔高宗有契

於傅說之言而歎羡之曰人之所貴於有言者

以其可行也書之而不足於行焉與無言者均

耳予深味乎說之言也反而由之則志意得廣

焉推而行之則政事得齊焉凡納誨於朝夕者

固保乂之良術也是予之所行惟說之言是賴

矣使說乃不克良于言聽之而無所於稽也謀之而無所於庸也雖有言亦贅焉耳予亦何所聞而藉之以行耶譬諸藥弗瞑眩則不有愈疾之福也望治之心不亦抓乎於是傅說有感於高宗之言而拜之曰言之所不難於知者惟難於行也知之而難於行焉與無知者均耳王忱信而弗難也服行無斁則視聽罔惑焉愼終于始則明命弗愆焉凡紹述於今日者固先王之成德也是說之所言惟王之行是徵矣使說乃

不祗承于命知之而或不言也言之而或不盡也雖有君亦負之耳說亦何所辭而逊乎厥咎耶譬諸鼎折其足則不免覆餗之患也自許之信其何如哉夫盡言以開樂告之誠者高宗納善之篤也進言以期躬行之實者傳說責難之恭也君臣各盡其道如此有商之盛所以不可及歟嗟夫君臣相遇自古爲難也臣言之而不能必君之能受君受之而不能必臣之能言曰爾交脩予罔予棄予惟克邁乃訓曰后克聖臣

不命其承疇敢不祗若王之休命百世之下不能不感於商之君臣也若夫唯其言而莫予違與事是君則爲容悅者所謂其何能淑載胥及溺已耳又惡足以語此

惟周公克愼厥始惟君陳克和厥中惟公克成厥終三后協心同底于道

同考試官教諭諸　批　成終之道發明殆盡

同考試官教諭姚　批　畢公成終之道正

在協心此實康王責望之本意語明意盡僅見

此篇

考試官左諭德龔　批　就畢公上發揮方是

康王本意

考試官學士張　批　得康王命畢公意

賢王命大臣欲其濟前政之休而一之也蓋天

下未有道不相濟而能成治者也然則畢公之

治洛也亦惟求盡乎是而已矣此康王所以責

之重而望之深也歟其意蓋謂天下之事每勤于始而怠于終君子之心則樂于同而嫌于異昔我先王之遷殷民於洛也固以仁殷之民亦以安周之業也其始也周公嘗治之矣明德之馨有以格其未靜之心者其猷訓至于今可見也其中也君陳又嘗治之矣從容之政有以和其弗若之習者其流化至于今未泯也然道有升降將不有陵德悖道澈化而奢麗者乎懋德義之訓以道之俾二公之治引於弗替者豈非

公之責耶俗有汚隆將不有席寵怙侈服美而
惡終者乎樹旌別之典以勸之俾二公之烈保
於無窮者實於公有望焉夫今昔異時化則不
相沿矣然而保根本之重以綏定厥家者固周
公之心亦君陳之心也即公之所存亦猶夫是
耳寬嚴異施政則不相襲矣然而適因革之宜
以保乂有衆者周公固以此道在君陳亦以此
道也即公之所由豈能外此哉心以基治道之
原品式之具固明德之所將也蓋合先後而一

致者矣道以推此心之用體要之存固和中之
所率也蓋同彼此而一揆者矣如是則公之心
乎之二公爲無愧而成終之道與前政濟美矣
其於國家不寧有利哉夫政其迹也所不可同
也心其本也所不可異也由其異以協于同此
君子所以能用天下之固也康王命畢公之意
不其至哉抑論周之頑民殷之忠臣也故嘗因
是而想見三代有道之長矣蕞爾之國自武王
以及成康歷世三紀致勞三聖相繼撫之曰迪

屢未靖曰餘風未殄商家忠義之澤何流衍不泯如此哉而有周待之宥之至再至三竟以口舌代斧鉞卒之殷民丕變四夷咸服三公收同心同道之功而康王享永膺多福之美有周忠厚之澤視商又何如也故曰三代有道之長

評

無巳太康職思其居好樂無荒良士瞿瞿

同考試官教諭莫　批　塲中作者多爲傳

註若彼二字所纏繞遂以良士爲取法殊失本
意獨此作就在本文上說寫出唐人憂深思遠
之意讀之可以興矣
同考試官教諭張　批　詞婉而意足唐人
勸戒之意宛然在目
同考試官學正陳　批　詞氣溫厚意態悠
然得詩人諷詠之體
考試官左諭德龔　批　似得風人之義
考試官學士張　批　言婉而可誦其風人

之遺音乎

觀唐人相戒以節樂其俗之厚可見矣夫樂而有節則不至於流也唐人以是相戒其慮之遠者乎此可以見其民俗之厚而猶有陶唐氏之遺也故其燕飲之時而交相戒之言如此若曰歲既晚矣百工休矣吾人可以節三時之勞求一日之樂矣今日之舉也所以移民也然樂而不能節則其流必淫矣是舉也得無有溺於安佚而至於淫者乎今時之燕也所以合歡也然

飲而不知戒則其情必蕩矣斯會也得無有躭於逸樂而酗于酒者乎夫樂之淫也必至於廢時失事也盍亦以吾職分之所當爲者反求諸吾身以自省邪情之蕩也必至於縱欲敗度也其亦求吾農務之所宜居者内省於吾心以自戒邪必也不以怠惰荒寧自恣而以勤勵不息自强於樂之極必有以防之雖歡愛以相與而無流連之樂焉不以驕樂逸遊爲事而以憂勤惕厲爲心於情之發必有以檢之雖燕樂以相

親而無荒亡之行焉是其以道制欲而知宴安
酖毒之不可懷也非賢者而能若是乎思其終
也思其復也是弗可以弗之圖也以理御情而
知般樂怠敖之自求禍也其惟良士之先覺者
乎憂之深也思之遠也是弗可以弗之慎也夫
其久勞而暫逸若可以自安矣方樂而遽相戒
又不敢以自寧焉則其志之切情之眞具見乎
辭矣其知罔遊于逸罔淫于樂之義者乎故曰
民貧則勞勞則思思則善心生其唐人之謂乎

於此見帝堯之德入人之深而風之遠也禮曰豢豕爲酒而獄訟益繁則酒之流生禍也觀諸酒誥之戒可知矣故一獻之禮終日飲酒而不得醉是先王之所以備酒禍也唐人之言其又得先王制禮之意乎是故見勤儉質樸之習焉見親愛和樂之意焉見警戒忠告之情焉此義行而危亡之患可免矣然雖一時相戒之言亦理之不可無者蓋人情好逸而惡勞而天下之事未有不以勞而興以逸而廢者故曰生於憂

患而死於安樂也易曰危者安其位者也亡者
保其存者也亂者有其治者也唐人有焉

文王有聲遹駿有聲遹求厥寧遹觀厥成

文王烝哉

同考試官教諭莫　批　詳盡典雅可以式

矣

同考試官教諭張　批　莊重典則且得詩

人音之旨可以式多士矣

同考試官學正陳　批　以仁聞仁政意
甚正而措詞疏暢爾雅文之所以聖與周之所
以王具見此篇錄之
考試官左諭德龔　批　有見之言自別
考試官學士張　批　善言周家王業之本
詩人原聖人之仁聞由於仁政之實而贊其克
君也夫文王之仁政惟在夫安民而有成功耳
君子是以知文王之能君也則其仁聞入人之
深其能已乎此詩推本文王遷豐之由蓋謂有

周之業天人皆知其成於武王也而不知其本於文王也文王作之武王蓋述之耳今夫文王非有心於求名也而仰其聲者於昭于天若日月之照臨光于四方顯于西土而仁聞之著自不可掩焉其爲聲也洋溢乎中國而施及於蠻貊蓋赫赫厥聲濯濯厥靈而令聞之廣自不容遏焉不曰甚大乎其有聲乎文王何以得此於民哉蓋其以視民如傷之心擴而爲修和有夏之政以不敢盤遊之念施而爲咸和萬民之功

故一民之不得其所文王之憂未已也於是乎
思有以養之而惠鮮懷保之政行焉思有以安
之而輯寧底定之計行焉凡所以為其安寧之
圖者無弗至也蓋使無一夫之不獲而後其心
始釋耳苟治功之未底於成文王之心其能已
乎必斯民之咸安其居即康功焉斯民之各得
其養即田功焉凡所以收乎平康之績者無弗
致也蓋親見乎治功之有成而後其心始慰耳
夫惟天惠民以立君也君不惠民責斯愧矣惟

辟奉天以乂民也君不憲天道斯忝矣文王仁
政之實如此是以有君民之大德矣此所以宜
在高位上可以承天心付託之重作民父母下
可以副人心仰戴之深而克長克君宜民宜人
者歟謂之曰烝哉信乎其當之而無歉受之而
不虐矣民心既得天命自申此崇之不容於不
伐而豐之不容於不遷也夫吾讀汝墳之詩而
知文王得民之深也讀皇矣之詩而知文王得
天之深也至讀武成然後知周之崇文王實造

之武王則成之耳君子曰文王宜王而不王者也天也武王之王也亦天也文王何心哉而其業之所由成則伐密伐崇基之耳其豐之遷也亦天命之維新也歟厥後武王之鎬成王之洛皆本乎此嗚呼周之興也豈一朝一夕之故哉是故其成也非武王之鎬也文王之豐也非文王之豐也太王之岐也公劉之豳也后稷之邰也周之世德其可謂至德也已矣

冬築郿　臧孫辰告糴于齊　俱莊公二十有八年

同考試官教諭王　批　發明兩傳意甚嚴整是邃於經學者

考試官左諭德龔　批　得屬辭比事之義

考試官學士張　批　謹嚴

春秋兩紀魯事而著務本治實之義焉夫本固則强實勝則裕國之大經也魯之君臣胥失之

其何以能國哉此築郿告糴春秋所以深著其戒也且夫王公設險以守其國易之訓也何獨於莊之築郿而疑之哉蓋事有輕重善爲治者圖其本焉耳莊也不視乎歲之豐凶而輕用民力於其所不必爲可謂知本乎夫民勤於力則工築罕民勤於財則貢賦少民勤於食則百事廢先王之相時類如此莊不此之法而乃驅菜色之民以厚滋其侈心焉吾恐版築之方興而有睊睊胥讒者矣故郿之築也未足以爲一

之固而本根之撥適以重魯國之虞耳譬諸惜裘之澤而去其皮焉無所依矣其何以能君哉聖人有憂焉築郿之訓若曰可以無郿不可以無民也務本之義不巳著明歟國有饑饉卿出告糴古之制也何獨於辰之告糴而訾之哉蓋政有先後善謀國者治其實焉耳辰也不能備患於未然而徒欲攘功於民病之旣急可謂治實乎夫國無九年之畜曰不足無六年之畜曰急無三年之畜曰國非其國先王之憂患類如

此辰不比之務而乃屈內卿之重以求賑於他國焉借使齊桓之不遇將有轉於溝壑者矣故齊之告也未足以成遜夷之功而宗器之捐適以重魯國之耻耳譬諸納人於淵而拯其溺焉無所濟矣其何以為賢哉聖人蓋傷焉告糴之訓若曰可以無告不可以無備也治實之義不已深切歟此義行則邦寧於本固而為君者不可以事末患消於有備而為臣者不可以先名聖經之訓大矣雖然儉德侈惡之言御孫之陳

於莊公者亦切矣而童心弗警宮室是崇卒使
其身爲寄生之君焉不重可哀耶辰也導之共
德而格其侈心御孫之志其終乎而重以胥淪
罔覺也則亦焉用之哉孟子曰君子務引君以
當道志於仁而已彼臧孫烏足以語此
秋七月公會齊侯宋公陳世子款鄭世子
華盟于甯母僖公七年

同考試官教諭王　批　卹謀鄭中謬出華

王正倫意深得乎齊之旨

考試官左諭德龔　批　可以發傳意之所未

及

考試官學士張　批　知傳意

伯主講信而可以勸忠與孝焉其美章矣蓋君臣之分立則人作忠父子之倫正則人作孝此甯母之盟所以為可嘉歟且甯母何以盟也為謀鄭也何謀乎鄭也以其忍於內攜而即楚也吾嘗稽諸傳而有取於齊桓之舉矣蓋定國本

以戴翊王室桓之烈葢震乎天下也鄭而貳之
則桓之謀爲有名矣苟挾主伯之威馮強力以
臨之是亦暴焉者耳其何以率人乎幸而招携
之禮懷遠之德謀于仲而庸焉以脩禮於燕邦
夫然後諸侯官受方物而莫敢不來享莫敢不
來王矣以祀物則貢焉以材物則貢焉使天下
皆知有王之尊而不敢貳者其誰之功歟噫先
王朝終講會以制財用之節而四國是王誠以
德禮之不易耳吾不意齊桓謀鄭之舉而乃能

以此爲訓耶故告鄭以告庶邦也庶邦正而王事克舉臣道立矣謂之曰可以勸忠不其然乎奸父命以附利人國華之惡蓋浮於夷狄也桓而信之則鄭之人將有辭矣夫主中夏之盟總姦德以行之是亦姦焉者耳其何以令後乎幸而禮信之言崇德之義閒于仲而改焉以辭於子華夫然後大姦不列於會而進有以得鄭退有以示後矣以德刑則可令焉以禮義則可記焉使天下皆知有父之親而不敢奸者其誰之

功歟噫先王時會發禁以抑恣僻之行而人絕
肇脩者誠以禮信之不替耳吾不意齊桓伯者
之流而乃知從事於此耶故正華以正厥民也
厥民興而邪慝不作賊子懼矣謂之曰可以勸
孝夫豈誣哉夫臣職脩而禮庸則天下無廢事
人倫明而典惇則天下無違教此桓公之盟所
以爲盛而管仲所以爲仁者之功歟雖然齊桓
管仲之功可美也然包茅之貢非爲周也而首
止之後不聞有夾輔之勳無虧之廢以私愛亂

長幼之序而不免於五公子之爭立豈桓之為義不終而仲之無以匡其後耶要之不明大學之道竊仁義之號以令諸侯而非本之身心之實然耳故曰五伯假之也

禮記

天子布德行惠命有司發倉廩賜貧窮振乏絕開府庫出幣帛周天下勉諸侯聘名士禮賢者

同考試官教諭方　批　發揮王者以父母天下爲王道意思殆盡用錄以式

考試官左諭德龔　批　說王者順時行政意頗明盡

考試官學士張　批　王者奉天仁民之意藹然言表

王者順時而施仁政必戒內外之臣而奉行之焉夫王者奉若天道者也則夫戒內外之臣而奉行之孰非推廣其德惠哉此記辰月之政令

也是月也於候爲季春於時爲仁氣以言乎天地則妙訢合之和矣以言乎萬物則遂發生之性矣是故順宣泄之宜可也謹閉藏之令則不可也於是爲天子者憲天以爲治勸民以爲心推吾之德意以誕及於多方順天道以行王道必使無一人而不在所愛之中可也豈吝嗇以滯吾之仁乎廣吾之恩惠以式被於九圍體天心以合民心不使無一物之不得其所可也肯斂藏以防吾之政乎然不命內外之臣以奉行

之則仁政之施必隘而易窮有限而難久其何以奉時之宜順天之道哉故內而有司所以布列庶位而錢穀之事各有司存者也況積貯天下之大命人心之所同欲者乎或積而不散則吾之德惠猶夫壅矣於是乎戒命以行之倉廩之所聚者穀粟也則發倉廩而散穀粟以濟民之飢貧窮者賜之乏絕者振之使天下之飢者以食而無復俯仰之累焉府庫之所藏者幣帛也則開府庫而出幣帛以濟民之寒不足者補

之不給者助之使天下之寒者以衣而無復流
離之憂焉蓋不必家賜人益而吾之德惠有不
徧及於内者乎外而諸侯所以藩屛王室而養
賢及民乃其職也況善人天地之紀人情之所
同與者乎或抑而不達則吾之德惠猶夫壅矣
於是乎勸勉以飭之未仕之名士是民之望也
則屈已忘勢以聘之苟可以輔吾治雖車服之
庸固有所不惜矣在位之賢者是臣之表也則
致敬盡禮以下之苟可以盡吾誠雖腹心之寄

固有所不吝矣蓋不必家喻戶曉而吾之德惠有不徧及於外者乎若然則德之所施者博而惠之所及者廣天子之仁恩達之內外而無間矣王者奉若天道固如此蓋亦並舉而互言之耳然不特此也服食起居之宜農桑安養之政禱祀戎牧之節鳥獸草木之禁無不順時以行之嗚呼此為民父母之道也故曰天降下民作之君作之師惟助上帝又曰元后作民父母是故君者奉天之命以出令者也臣者行君之令

而致之民者也禹曰后克艱厥后臣克艱厥臣
虞廷交儆之言蓋如此是道也呂氏亦能言之
推其極則裁成天地之道輔相天地之宜以左
右民亦不出此君天下者尚毋以其易而忽之
哉

故樂行而倫清耳目聰明血氣和平移風
易俗天下皆寧

同考試官教諭方　批　樂道之大此作盡

之

考試官左諭德龔　批　轉折處有味意亦周匝

考試官學士張　批　非深於樂者不能言此錄之

論樂教之達而效極其大焉夫樂之所觀者深矣則其教之達而其功效之大也固不期然而然者乎今夫先王之作樂也既本之情性之懿復備其條理之詳以聲容則盛矣以法象則精

矣及夫樂教大行至和四達以吾心之樂播而爲天下之樂自朝廷而鄉黨一是道之流通也以一人之情達而爲萬民之情自畿甸而要荒一是和之洋溢也則始以平心終以宣化推之無不準而用之罔不達矣其效之大也將何如哉倫理之原於性而具於心者本自明也然蔽於私則有時而昏矣樂教行則有以感通其神明而興起其德性以天合者莫不同其愛以相與而窮本知變之妙譪然而興也其其不齊者於

此乎齊矣以人合者莫不敦其情以相顧而好善知過之念油然而生也其不叙者於此乎叙矣形氣之得於天而具於我者本自善也然以累於欲則不得其正矣樂教行則有以蕩滌其邪穢而消融其查滓以聲音養其耳以采色養其目而姦聲亂色不留於聰明也其有惑於視而蠱於聽者乎以歌咏養其性情以舞蹈養其血脉而惰慢邪僻不設於身體也其有剛而怒柔而懾者乎由是而脩身及家平均天下則風

之未淳者移之以歸於淳上之所化者無異道
百姓則昭明也黎民則於變也其無偏無黨之
治乎俗之不正者易之以歸於正下之所習者
無異心四海則永清也萬邦則協和也其無反
無側之盛乎噫樂之效至是而極矣樂道之大
是豈易言哉論樂者求諸心之和而已矣此篇
所論則曰物曰德曰情曰政而言之異者何也
知四者之所以異而究其所以同博而求之約
而會之則樂之理可識矣故曰心和則氣和形

和聲和而天地之和應之周子所謂聖人作樂
以宣暢其和心者此也夫然後天地之氣感而
大和而神祇格鳥獸馴萬物順矣不然則聆濮
上之音而知其爲靡靡之樂奏清商清徵而致
玄鶴風雨之異者豈皆虛語乎

第貳塲

論

孔子之謂集大成

同考試官教諭莫　批　議論高古體製森嚴

整鍊無斧鑿痕迹佳作也

同考試官教諭張　批　詞氣森嚴理致精

到讀者惟恐其易盡也敬服敬服

同考試官學正陳　批　聖人心事原無隱

於而作者類抑三子過甚獨此探究本原議論

精確其願學孔子而有得者

考試官左諭德龔　批　讀之尚覺有餘意

考試官學士張　批　只就本題中變化自

是作手

聖人有以異乎聖人無優劣無以異也而夫子乃集三聖之大成何哉聖人之行不同也有極其一偏者有會其全體者其得無異乎夫子之異於三子者合而一之之道也其猶樂乎觀樂則知聖人矣故夫德之極其所就者皆可以言聖而謂之集大成則末也器之各得其一音者皆可以言樂而謂之集大成則末也樂至於大成其音之備乎聖至於大成其德之備乎知樂

之大成則聖人之行可識矣嗚呼此夫子所以
爲聖之時而獨異於三子也今夫孔子之在春
秋夫人皆知其爲聖人也吳之太宰陳蔡之大
夫固嘗曰孔子聖賢矣其在國人亦曰類堯類
禹類皐陶也下至達巷黨人亦曰大哉孔子則
夫子在當時無不以聖人歸之矣孔子而上有
柳下惠焉柳下惠而上有伯夷焉伯夷而上有
伊尹焉地之相去也千有餘里世之相後也千
有餘歲亦皆聖人也今試號於衆曰孔子聖人

也其有不同然而與之者乎又試號於衆曰夷惠伊尹亦聖人也其有不同然而與之者乎夫同然而與之者人之情也夫人皆知之也其所以不同者則人不必知也孟子乃命而言之曰伯夷聖之清也伊尹聖之任也柳下惠聖之和也孔子聖之時也其言若均之為一而無所異也則人將以為夷惠伊尹於孔子若是班乎於是別而言之曰孔子之謂集大成夫然後知三子之行吾夫子盖兼之矣欲知夫子之所以集

大成亦於其時焉求之而已矣何以言之天下之所貴者道道之所貴者中中也者時爲之也時也者天之道也不趣時不可以言中不由中不可以言道不合道不可以言聖聖人不能違道道不能違時時不能違天合乎中以時出之者非大聖莫之能與也聖人者隨事而順理因時而制宜變易以從道是故感而通變動而不居也應而妙圓神而不倚也順萬事而無情旁行而不流也聖人之德與天爲一故其動自與

天合也皆時之爲之也聖人亦不自知也聖人
何心焉一言而盡夫子之道者時而已矣時也
者天道也易道也易曰時止則止時行則行動
靜不失其時其道光明時之爲義大矣哉非夫
子其孰能之夫子之行固三子之行也非以其
異者而異之也夫子蓋善用之耳甚矣夫子之
善用易也今夫治則進亂則退非君不事非民
不使是伯夷之行也治亦進亂亦進何事非君
何使非民是伊尹之行也小官不辭汙君不辱

遺佚不怨阨窮不憫是柳下惠之行也三子者皆古聖人也奮乎百世之上百世之下聞者莫不興起也非聖人而能若是乎故聖之清者極其清而無所雜是以能起天下之懦而激天下之頑也聖之任者極其任而無所勉是以能覺天下之人而任天下之重也聖之和者極其和而無所異是以能消天下之鄙而敦天下之薄也非行之造其極而能之乎然極矣而未全也聖矣而未大也擬諸孔子則猶夫樂之各得其

一音自爲始終者也何言乎樂也今夫天球一擊而無琴瑟簫管鼗鼓之和則何以終簫韶九成之奏哉獨奏一音不能兼乎衆音也惟夫金以宣之於始玉以振之於終則無一音之不備無一器之不該合衆小成而爲一大成樂之始終備矣故一音之始終謂之樂可也謂之非樂則不可也謂樂之小成可也謂樂之大成則不可也吾夫子其樂之統紀也乎其貫三子而一之之道也乎故聖之清者以清爲至矣進之而

兼乎任則不可也聖之任者以任爲至矣進之而兼乎和則不可也聖之和者以和爲至矣進之而兼乎清任則不能也若吾夫子則兼之矣非不爲清也時可清而清不偏於清也清之一德不足以盡之矣非不爲任也時可任而任不偏於任也任之一德不足以名之矣非不爲和也時可和而和不偏於和也和之一德不足以拘之矣三子之所以聖者夫子蓋時出之矣是以觀其去魯之遲遲也去齊之接淅也而仕止

久速之義亦可以見其一端也夫子之行其盡於此巳乎吾嘗求之矣陽貨之不見也佛肸弗擾之召之不往也是禹之清也然擊磬於衛伐木於宋絕糧於陳其困阨者屢矣而其心未嘗一日忘天下且曰吾非斯人之徒與而誰與雖老于行亦不慍不詐不阻不倦焉不曰惠之和乎有際可之仕有公養之仕有見行可之仕曰吾爲東周焉三年有成焉是尹之任也然靈公問陳而即行桓魋不至而即行西見簡子及河

而返雖兆足以行亦未嘗以三年淹焉不曰夷之清乎恭而安威而不猛南子之見也闕黨之將命也互鄉童子之與言也原壤之母失親故也乘田委吏小官也亦屑爲之是惠之和也然用於魯侵田歸矣男女別矣正卯誅矣市價不飾矣隳三都之邑矣卻費人萊人之師矣而袞衣章甫之謡已徧於人人之口也又非尹之任而何哉是蓋時出之而爲清時出之而爲任時出之而爲和而爲仕爲止爲久爲速之義惟其

時而已矣謂夫子爲夷之清可也謂夫子爲尹之任可也謂夫子爲惠之和可也可以三子之所就者而會之不可以三子之一德而目之也蓋由其知之之至析之有以極其精而不亂是以行之盡合之有以盡其大而無餘故曰金聲也者始條理也智之事也玉振也者終條理也聖之事也故曰孔子集大成也善乎其門人記之曰子絕四毋意毋必毋固毋我而夫子亦嘗自言曰我則異於是無可無不可夫惟其毋意必

固我之心而無所能為仕止久速之義聖人之心
一天而已矣故其動無往而不時而大自不能
違也故曰君子之於天下也無適也無莫也義
之與比然後可以見夫子之時義大矣哉夫子
之從時合道也然此道也夫人有之特不察耳
蓋天下之人同此心也同此性也同此道也心
同則性同性同則道同既曰聖人則無不同也
而曰夫子兼三聖者何也豈實有優劣之異乎
夫優劣之異賢愚之判也非所以論聖人也聖

人不可以優劣論也謂聖人有優劣者非知言者也昔者堯舜湯武天下之所謂聖人也孟子斷之曰堯舜性者也湯武身之也蓋以其無優劣之可言而不容無安勉之分也知湯武之別於堯舜則知三子之異於孔子矣若其道則固無不同也善學者於其同而究其所以異於其異而察其所以同然後始可與論聖人矣噫非深於道者孰能識之

表

擬恭上

皇天上帝泰號暨加上

太祖高皇帝

成祖文皇帝

皇考睿宗獻皇帝尊號禮成羣臣賀表

同考試官訓導唐　批

我

皇上敬

天尊

親之誠揄揚殆盡蓋爲臣子而嘗知忠愛者也可以式矣

同考試官教諭顏　批　贊揚乃有忠愛意

非徒騈儷而已

考試官左諭德龔　批　工於四六得稱頌體

考試官學士張　批　詞典則而麗

嘉靖十七年九月　日恭遇

皇上祗奉

冊表等上

皇天上帝泰號奉

冊寶加上
太祖高皇帝
成祖文皇帝
皇考睿宗獻皇帝尊號禮成臣某等誠懽誠忭
稽首頓首
慶賀者伏以
綱常萬古以爲治際
國家洽文教之辰禮樂百年而後興仰
聖人在

天子之位饗

親饗

帝隆美報於二端盡制盡倫備上儀於一代

欽舉無前之令典實維

有道之曾孫

顧復永懷可以曠形骸而相感

神功協豫蓋約與上下而同流肅[illegible]揚休天

人合慶自生民來未之能或凡血氣者莫

不尊親恭惟

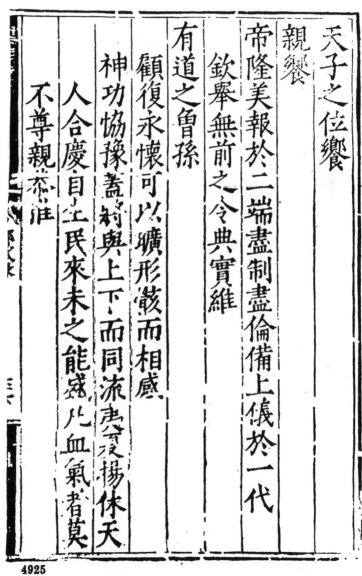

皇帝陛下
剛健體乾
仁義率
祖顧明命以祗承
上帝式
大法於九圍
懋敬德以昭受
丕基覲
耿光於八葉

觀會通而行典禮百度咸貞
建皇極以錫庶民彝倫攸敘
規天條地精禋達
郊
廟之儀
繼往開來敬一闡聖賢之緒
凝神往古道恭三代之前
炳智幾深識洞九玄之上謂發祥錫祉何
天眷之既康而

肇統累仁實邦基之攸始載惟
祖烈奠鼎極於幽燕於繹
考王啓靈源於江漢念保綏之有孝思詔謝於
無窮廼涣
宸章遂洛卿輔詢言至再師錫其同爰升
泰號於穹旻加薦
尊稱於
高廟安民立政建圖纂
文祖之成功

守道知天宗祀崇
獻皇之睿德煌煌
奉座共瞻金玉之文肅肅
閟宫重覩乾坤之策
一人有慶琮璜儼冲漠之扆歆
三后在天庭戶僾儀容之陟降姑誠為人子者
孝之盡所謂有天下者報之隆經始實俶
於
淵謀取訓搖稽乎丘索酌古今以盡典則作

者聖而述者明本人情以爲節文禮之精

而義之至

昭𨻶洪薄詞林謝綃穀於雕龍

宏賁前猷汗竹照丹鉛於香蠹

登三咸五制莫大焉峙漢封秦暟乎後矣屬

將事於穀旦果幽格於

玄靈紺宇澄清燔燎共星河並燗

珠宮流彩登歌與風日同熙

帝車臨七曜於中堦

華蓋麗五雲於太甲幽隱畢達百神咸懷
無疆惟休方寖昌於億祀
有秩斯祜將溥錫於羣元盎氣感而形和故
機動而效速也臣等祗嚴對越曾乏秉文
榮與駿奔俯慚顯相拭觀
衮冕蕩蕩乎無能名側耳笙鏞忻忻然有喜色
頌
王休之丕赫莫罄揄揚撫
昌運之純熙豈勝率舞伏願

有孚在道
明德維馨
曰游衍曰出王基宥密於夙夜
善繼志善述事篤駿惠於乂康
言舉斯心親親仁民愛物
治如視掌脩身行政用人
介景福於萬年
綏本支於百世臣等無任瞻
天仰

聖激切屛營之至謹奉

表稱

賀以

聞

第叄場

策五道

第一問

同考試官訓導唐　批

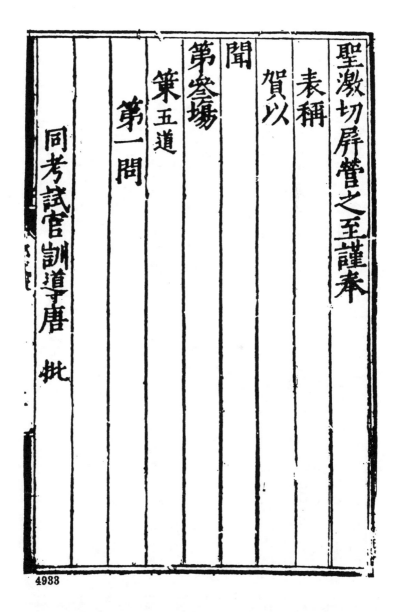

聖王制作敷演無遺子可謂能識其大者矣敬服敬服

同考試官教諭顏　批　吾子經畧之才於

此策見之

考試官左諭德龔　批　是有志於用世之學

考試官學士張　批　能究心當世之務他

日致用必有可觀者矣錄之非獨以文也

嘗聞帝王之御天下也有渾然之體有粲

然之用渾然之體大德敦化也藏諸用者

也粲然之用小德川流也顯諸仁者也顯

諸仁者可得而見也藏諸用者不可得而見也荀卿曰欲觀聖王之迹則於其粲然者言見其所可見以求其所不可見則聖王之道可得而觀也故日也者月也者星辰也者雨風露雷也者天之粲然者也故觀之而高明之化可察也山川也者水火土石也者百穀草木也者地之粲然者也故觀之而博厚之體可求也故考謨於墳典而堯舜之道章述政於方冊而文武之

法備思禹功於夏貢則封建區域表鎮分州炳乎其可觀也詳六官於周禮則體國經野土地人民皦乎其可考也豈惟三代之選爲然哉史記作則豐功偉制載在八書鉅將名臣稽於列傳而君德因可見焉六典著則建官詳畧本末有條綱紀錯綜先後互見而萬目因以舉焉會要之詳於宋經世之紀於元馳騁古今上下數千載間亦已勤矣審隆替之宜酌沿革之當昭

代謝之原稽廢興之故其爲說也詳其用心也審夫豈惟錄成籍備故牒而已哉洪惟我

太祖高皇帝創造區夏掃腥羶之習而冠裳之比德唐虞邁功湯武闢乾坤於再造洗日月於重昏一統之盛古今未有而

列聖誕守成業且非一日矣是故燕雲河朔數百年腥穢之郊圻也靈夏寧州奸宄窟穴之外鄙也河湟西域終漢之所經營而弗

靖者也北韓南越唐室所爲竭財力以求
役屬者也今皆入我版圖内供職貢盡不
推復帝王之故疆而且以啟闢矣
黜鼇元政脩舉王綱倫紀肇脩制法咸備禮
樂則聖追於作者征伐則功萬於一匡而
皇上潤色鴻業又非一事矣是故
四郊分祀上繼三代之曠儀
九廟肇禋直鼇千古之陋制
明堂宗祀武王之孝所以爲達者也田蠶祇苑

周家之業所由以興者也而皆一新宏制
垂光千祀蓋不惟立帝王之大義而且加
偉矣然而藉以考稽故實鋪陳經制昭一
代之規以布諸無窮者今顧有其書耶抑
有之而未備耶夫
大明一統志因洪武間所編大明志而增廣
之也表
京師爲四方之極列方嶽爲諸郡之綱疆域
繫於九州分野稽乎列宿通古今紀人物

録形勝備風俗考沿革廣見聞制非不偉
也
大明會典倣洪武間所頒諸司職掌而損益
之也類以頒降諸書附以歷年條令使官
領其事事歸於職明建置備職守定等儀
詳紀載非不盡也然自正統而後迄又百
年重熙累洽日新月盛而人物就湮典章
莫嗣觀者憾焉矧夫
龍飛虎炳王振金聲齊魯之風變而之道夏殷

之禮監而從文彬彬焉洋洋焉如
今日之盛者而可使之弗偏於天下流光無
窮耶變而通之則因其時損而大之則因
其制精而一之則因其體明而行之則因
其訓倣裁於書史效法於周官表闡化叶
至理彰往緒揚
休烈勒成昭典以比光皇墳追美丘索者是
誠今日之所當有事也顧草茅之士何足
以知之雖然亦不敢不竭所見以塞明問

俟裁擇焉嘗聞之惟王盡制惟聖盡倫故
述作之權明聖所司也然必致因革於前
代折淆亂於羣言然後斷自
本朝裁爲定典若非詳稽其事始則亦罔裨
於徵獻且主臣兼濟功用交興也故璣衡
詳羲和之政禮樂申虁伯之司政道所協
也愚以爲
國家創立大政及定諸典禮俱宜以事始爲
綱後之興廢爲目昭

聖制於上而凡臣下建明亦載其節畧以備一
代明良之迹不惟右文之具實埀弘憲之
仁而會典未之盡也建官詳畧古今異宜
故六卿倣夏公孤擧周唐制已詳宋官大
冗
本朝建置損益不同使裁制之本始不明則
祖宗之深意何攷故必詳稽往制備載議原述
文武之大經列綱領之要畧旣汰復沿義
將何取中更復定始自何時示王者畫一

之規永萬世遵循之轍而會典或未之盡
也
國家首制經費爲先邦國治源均平爲本故
官府以一體爲宜而財賄以九式爲節省
闥掌於冢宰國計辨於司徒洪武之隆節
省尤甚今考之會典賦役雖詳而經用靡
紀內府雖載而職制弗明故箕會之數可
稽而尾閭之洩莫究求以復盛朝之舊蓋
亦難矣今宜中簡往章頗稽員數辨歲供

之最考虛實之原以上佐
恭儉之化下沐平均之惠此其大方也夫事
之始必有所由興而其旣也必有所由癈
惟究詳其議擬乃品列其癈興故大小可
知而憲述有度也今也沿革徒存而事源
莫載歲更時易寔罔折衷取故牒於吏胥
錄備文於緣例連篇累牘去要存蕪不稱
藝文豈關弘典至若省藩外地軍士牧屯
鹽政苑馬今昔紀而皆未之詳焉豈憲

世之章程乎此四者會典之所當議也夫
一統志即輿地圖也古今劑宜道里聯屬
山川夷險分野祲祥可指而見是故詔觀
事則有志詔地事則有圖是以君子按圖
志而經畧可定也今志雖有圖似爲大畧
愚以爲普天率土自畿都以至省郡軍監
宣慰蠻國官司所轄貢譯所通俱宜有圖
以揭於本卷之首詳山川委絡之原攷地
里遠近之故而古今經畧之宜隨地以附

焉叅互考訂綱舉目張其於治道不爲小補而志則未之備也昔孔子式負版者而禹貢序田上下有土有民帝王之根本也古者親睦九族封建爵土則賜履分茅冊藏天府親親之弘規也今志田稅不載戶口無數使屯廢西北賦竭東南豪强兼并軍伍漏耗豈細故哉愚以爲天下戶田之多寡賦稅之高下出入之羸縮自國初至于今宜備載之若夫分建之久近存廢繼

封之分析華復宮室苑囿之賜予山澤田
禄之等制無不閑嚴則民有定業可以酌
盈虛審經界以爲更化之端矣而今志未
之備也夫邊徼所以限華夷周利害也是
故曰鎮曰關曰營曰寨曰墩堡曰城塹道
里聯絡首尾策應不可毫髮忽焉者也宅
中圖大審機應變苟非平日講求而熟會
之則臨事倉卒之頃豈能坐籌千萬里之
外而中的哉宜於各邊要害所在如所謂

犬五之溝澌車之水山林積石經川丘阜土山曼衍平地淺草可前可後曲道相伏險阨相薄者具詳于冊則制馭之術當可運之帷幄矣因地考俗觀風欽才政之大務也故聖人刪詩述二南十三國美刺之文正朝祭登歌燕享之樂所以同風俗出治道也今志所紀於風俗者類摭諸陳冊至據而考焉則絕不相似藝文所載非關大政而騷人淫艷何裨性情殊非所以昭

混一文明之盛以今來世也此四者一統
志之所宜議也雖然此固未易言也昔孔
子嘆夏商之可徵而憂文獻之不足從周
之志蓋遵其時也我國家
聖謨宸訓載在金縢夾輔訏謨紀之玉冊方行
天下至于萬國車書同軌文非不徵也鴻
儒碩彥布滿明廷天祿石渠歲勤讐校賢
非不足也鳩羣英於史局出秘籍於省中
徵圖書於儀制考邊政於職方今上計之

吏各以其方國圖志及遺書故集上之詔
供事之臣共相商訂而編摩之志以虞夏
爲師典以周官爲法而取裁於
聖明之見焉庸非今日右文之盛治而不朽之
大業也哉抑愚有說焉蓋志以志疆域者
也是
祖宗之身所勞也躬擐甲冑櫛風沐雨所以肇
造乎此以貽我後人者可思也則夫綏定
而保固之者不容以不至矣蓋典以集猷

訓者也是
祖宗之心所勞也創業垂統長慮却顧所以經
綸乎此以傳之百世者可思也則夫維持
而率由之者不容以不盡矣由其用之顯
以求其體之存則兢兢業業不遷於異說
不急於近利由
朝廷以及天下諸凡舉措咸當乎理則高明
博厚之業配之天地而雍熙泰和之治比
之唐虞矣詩曰於乎皇王繼序思不忘愚

竊有望焉

第二問

同考試官教諭方　批

我

祖宗豫教之道真足以媲美三代此作揄揚詳盡宜録以

獻

考試官左諭德龔　批

似亦懐忠愛之心者

宜録以為

當宁獻

考試官學士張　批　能敷揚我

祖宗垂教萬世之意殆盡蓋亦知所重者可錄

爲天下國家深遠之慮者不可不慎其始也是故置輔導之官以培其基焉求端良之士以善其則焉慎德義之閑以一其行焉謹詩書禮樂之習以純其心焉審人情物理之歸以定其志焉察古今治亂安危之故以辨其幾焉培基以維之則左右前後皆正人矣善則以端之則淫邪險詖不

得奸其間矣一行以齊之則惰慢邪僻之氣不設於身體矣純心以道之則不惑於異好而術業專矣定志以趨之則開於道德行誼之指而德性日明矣辨幾以誘之則審於是非取舍之極而智慮日廣矣皆慎始之道也如是則日近正人見正事聞正言行正道推之於天下國家亦無往而不得其正矣董子所謂正心以正朝廷正百官正萬民正四方四方正遠近莫敢不

一於正此之謂也召公之告成王曰若生子罔不在厥初生自貽哲命是愼始之說也人君爲天下國家深遠之慮者亦愼乎此而已矣夫始而能愼猶有弗克於終者況始而不愼其能圖惟厥終乎天下之事皆然也況教太子乎千金之子其父母之愛之也必爲之擇良師以教之求名士以友之使其德性日善而智識日開然後可以保其家於不墜何者父母愛子之心無

所不至也其道則然也其愛子也亦所以
自愛也有天下國家之責者獨千金之子
已乎故曰太子天下本三代之王也未有
不謹於此者故有典有則禹之所以詒子
孫也三風十愆湯之所以儆後嗣也丕顯
之謨丕承之烈文武之所以啓佑後人也
三代之所以長久者非以其輔翼太子有
此具乎成王之幼也周公教之抗世子之
法於伯禽欲其知父子君臣長幼之道也

考其時則太公爲太師周公爲太傅召公爲太保而又有畢公史佚之流以羽翼之皆天下之所謂元聖大賢也成王雖欲自逸不可得也故自爲赤子而教已行矣其教之也未聞成王之旣長也待其長而教之不亦難乎易曰蒙以養正聖功也是赤子之教也慎始之道也三代而下言教太子者莫詳於賈誼誼之言曰天下之命懸於太子太子之善在於早諭教與選左右

夫欲善太子而不早諭教不可得也欲早諭教而不選左右不可得也能審乎此則愼始之道得矣誼眞通達國體者哉自秦而降若傅以刑獄而卒貽望夷之禍教以法術而卒釀七國之變其法之不善教之不早無足言者自晉而唐有六傅之設賓客等官之置有崇文諸館局之叅設制度雖不同其爲後世慮者一也由唐而宋有帝範之篇有戒子之篇有元良承華要畧

之述製作雖不同其爲後世慮者一也然
皆教之無其法正之無其本徒取虛名無
益實效亦何足爲執事道哉洪惟我
太祖高皇帝膺天眷命表正萬邦德協唐虞功
光湯武即位之初首以儲貳爲重建大本
堂延訪天下名儒以充輔導選才俊之士
以充伴讀間輯經傳格言及行事之善惡
以爲勸戒名曰
儲君昭鑑錄以教

皇太子及
諸王其爲萬世
聖子神孫之慮眞與三王之謨訓同一揆矣至
我
成祖文皇帝廓清內難重造家邦恪遵成憲益
篤前聞又述聖賢遺言及歷代所行之善
悉益以
皇祖高皇帝聖訓名曰
文華寶鑑以授

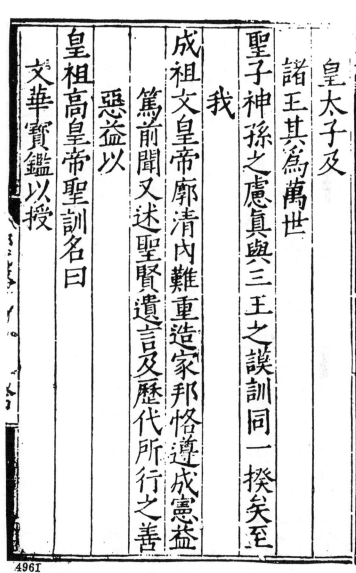

皇太子於
皇祖寶訓燁然有光矣
聖意淵微豈末學所能測識哉然其義則頗獲
聞其大畧矣嘗伏讀
御序曰朕纘述先志繼輯此編則知
成祖之意固我
太祖之意也蒭蕘之見敢就正於有道可乎夫
德無常師主善爲師善無常主協于克一
取善之道也取法於上僅得其中取法於

中不免乎下擇善之要也堯舜邈矣三王遠矣其嘉言善行載於書詠於詩雜出於傳記百家之言孰非後世之所當法者乎自漢而下英君誼辟間亦有之然多有慙德未爲盡善求其可法者其西漢之高祖孝文武宣乎東漢之光武顯宗乎唐之太宗憲宗乎宋之太祖仁宗乎然至於一事之善如孫登元壽眞金之類亦兼錄之不遺何邪是可以見

帝王取善之廣受善之弘也夫道以堯舜三王
爲至學以堯舜三王爲法斯謂之善治斯
謂之善教故詳於取善者
帝王聖學之公也精於擇善者
帝王聖學之要也不然則偏安一隅之政雜伯
雜夷之治豈所望於
今日者哉夫三代而下所以治不古若者豈
非以正之無其本故其德皆安於小成遵
之無其法故其治僅止於小康元帝而下

益不足言矣雖然善法古者取諸今而已
矣欲希聖者法乎祖而已矣嘗考
太祖之諭詹同曰朕今立東宮取廷臣勳德老
成兼其職若新進之賢者亦選擇參用輔導
得賢人各盡職
諭陶凱曰古者不備其官惟賢能是用朕今立
法令省臺都督府官兼東宮贊輔之職庶父
子一體君臣一心而無相構之患斯言也其
所謂置輔導之官求端良之士以培其基

以善其則者乎

諭皇太子曰君道以事天愛民爲重其本在敬身一言一行上通于天天必鑒之一言而善四海蒙福一行不謹四海罹殃又曰爾生長富貴吾爲擇良師友盡心教爾爾不能講習經史勇於進脩是自棄也至於誦詩讀書要知大義又不可流連光景如陳叔寶李煜之徒而已斯言也其所謂愼德義之閑謹詩書禮樂之習以一其行以純其心者乎

太子宮臣曰太子天下之重器必使其熟聞
善言不邇詖行自然漸漬以成其德汝等舊
輔太子講論誦說之時必導之以正使道明
德立才器充廣庶幾他日克勝重任
諭李善長等曰朕特置賓客諭德等官以輔成
太子德性昔周公告成王以克詰戎兵召公
告康王以張皇六師二公所言不可忘也
諭梁賢等曰範金礱玉所以成器尊師重傅所
以成德朕命卿等輔導太子必先養其德性

使進於高明於帝王之道禮樂之教及往古
成敗之跡教民稼穡之事朝夕與之論說日
聞讜言自無非僻之干積久以化他日爲政
自然合道

諭楊訓文等曰朕教太子必使之講求聖賢之
道兼習文武之事涉歷艱難廣其智識通達
古今能謀能斷庶幾任天下之重

諭侍臣曰朕諸子不出宫掖雖頗習詩書終不
如親見民閒疾苦故使之少御徒旅縱觀郡

邑蒙犯霜露跋涉山川咨詢民隱拜謁
祖宗園陵問其故舊與朕用兵艱難之處因而
豁其胷次亦教之一助耳斯言也其所謂審
人情物理之歸察古今治亂安危之故以
廣其志以辨其幾者乎是皆我
太祖之所躬行
成祖之所纘述者也慎始之道無以易此其眞
詒謀燕翼之善者乎堯舜三王之道豈外
是哉欲法古者法乎此而已矣善爲治者

固不必遠有所慕也我
皇上懋德格天錫民保極所以衍螽斯之祥而
致麟趾之盛蓋有自來矣今
青宮毓德天下屬心
慶恊神人大啓藩屏歟
二祖之所垂訓者以為言教率
二祖之所攸行者以為身教
心法之傳日以益懋
家法之守日以益純唐虞之治獲見於

今日億萬年
宗社之慶端有賴於此矣而執事猶欲求爲
燕閒之助者無亦忠愛之心不能自已乎嘗
聞之矣天下之事莫患於徇名莫貴於責
實不責其實而惟名之徇天下之治未有
能濟者也今官非不備也教非不善也惟
深求其所以責實之政而行之斯可矣愼
始之道其責實之要乎如賈生早諭教之
說可行也如程子涵養薰陶之說可行也

不然則朱子所謂僚屬具員而無保傅之嚴講論備禮而無箴規之益至於朝夕所與出入居處而親密無間者又不可得而知也究其本則必如胡氏所謂寡欲可以行王道無欲可以言王佐斯爲得之是則

心有德之謨在

廟堂必有一定之見愚鄙人也何足以知之

第三問

趙鉞

同考試官教諭諸　批　此策能發明三才
合一之道而理數兼盡乃今信儀鳳舞獸非虛
也敬服敬服

同考試官教諭姚　批　此問關涉理道最
大非有志經世者則漫不加省矣子能援考古
今以求其至不言之妙如指諸掌他日興古樂
以追唐虞之盛者舍子其誰

考試官左諭德龔　批　知求聲氣之元以爲

作樂之本他日將審音協律以宣
中興至治之樂得無取於是乎
考試官學士張　批　考據精詳蓋博古之
士也
三才合一之道其昭於樂矣乎樂者天地
之氣也興之者人也始也審聲以氣終也
召氣以聲故雖鬼神可以人道接也今夫
璿璣玉衡特一器耳天之體如彼其遠也
而周旋盈握之覘日月星辰莫不準焉而

況兩間聲氣常相隨者乎是故圜鐘奏則房心之氣動而天帝明堂在是矣函鐘奏則未坤之氣動而天社地神在是矣黃鐘奏則虛危之氣動而宗廟嶽瀆在是矣得其道則上變光而下動靈不得其道則濫溺作而失其中聲故曰人不能無樂樂不能無形形而不爲道不能無亂天地訢合陰陽相得煦嫗覆育萬物則樂之道歸焉耳周官之大司樂聖人所以接三才之奧

也所以大合樂焉者合天地於吾心也漢
文帝時購得魏文侯樂工竇公者年百有
餘歲矣獻其素所肄習者卽此章也其出
自周公非後所僞爲亦章章明矣況是時
兵革不試百姓遂安耆老之人不至市廛
遊遨嬉戲如小兒狀和氣旣萃以興古樂
豈非幾乎然終使弛鈌以至于今何者得
其度數而弗求之心故也試爲執事誦所
聞夫滎河溫洛天地之中也而圖書出焉

天之生數一三五積成陽奇則一函三而爲九乾元之用也地之生數二四積成陰偶則三去一而爲六坤元之用也是律呂三分損益之所從出也凡陰陽各六月而日至朞之日分布四氣各爲九十是故九六所以經緯律曆也六爲方而兩地故六律六同以相對爲列而其音謂之六英九爲圜而參天故九韶以相繼爲義而其變謂之九成是故九韶六列六英樂之所必

有者也揆厥所元則黃鐘以八十一分之
管吹三十九分以爲聲故謂之含少蓋自
變宮四十二分以下可吹者也倍之則太
玄所謂七十八分者也近世乃執含少以
爲清管則十一律無從而生所著律呂元
聲使古樂益紛擾而不可復矣然則孰從
興之古樂之聲音度數固可考而知也黃
帝始爲清角大合鬼神於泰山之上其地
上圜丘之始乎雲門是也故圜鐘爲宮則

黃鐘得冬日至之羽聲而生角六變而天神降矣鑄十二鐘以和五音以施英韶張諸洞庭之野其澤中方丘之始乎咸池是也故函鐘爲宮則太簇得夏日至之徵聲而制商八變而地示出矣呂氏春秋謂帝顓頊脩之爲承雲之舞而漢服虔則謂姑洗南呂以南爲歌南風韶音在焉是則咸池六英非始於克而九韶亦非始於舜矣故奏姑洗歌南呂而黃鐘大呂應之則羽

角以相生太簇應鍾應之則徵商以相制
羽角相生則知仁交際而萬化出於人聲
則呼動胥與肝自水而本天數也自冬日
至而發春是以謂之陽也黃鍾之羽一變
姑洗爲中聲六變圜鍾九變歸于黃鍾之
宮南呂之羽一變大呂以應南呂六變黃
鍾爲角八變太簇爲角九變而歸于南呂
之角然姑洗角聲之始也自姑洗之羽與
其羽無射一變中呂以應夷則六變姑洗

爲羽九變復歸于姑洗之羽而黃鐘大呂
收聲矣徵商相制則禮義交際而萬化入
於人聲則吸動心與肺自火而金地數也
自夏日至而成秋是故謂之陰也太簇之
羽一變蕤賓爲中聲八變函鐘九變歸于
函鐘之徵應鐘之羽一變夾鐘以應夷則
六變太簇爲徵八變姑洗爲徵九變而歸
于太簇之羽然函鐘徵聲之始也自函鐘
之羽與其羽大呂一變夷則以應應鐘六

變南呂爲羽九變復歸于函鍾之羽而太簇應鍾收聲矣宮調以倡之商調以和之故用宮逐羽而清角生焉引商刻羽而流徵生焉始乎黃鍾以生十一律而終返乎黃鍾之宮史記樂書所謂宮動脾而和正聖者也然則商調特分而奏之耳非無商聲也合之則五聲俱在如子朱子之言是也夫黃帝制聲律以垂萬世而器數從之帝降而王不相沿樂雖器數屢有損益然

孔子聞韶於齊季札亦聞韶於魯其考擊而搏拊固非夔倫也而其美善如故者聲均存也然則大合樂九變以致鬼神示其九韶之遺乎六律六呂一時並作歌奏相命分六樂而序之其六列六英之遺乎下管合於琴瑟以依磬聲則八音克諧可知也固后夔之往矩也後世惟漢樂庶幾近之唐人以宮角徵羽輳爲變數宋人以宮角徵羽各爲始終皆去商聲焉於是乎古

樂亡矣殊不知聲相應故生變設宮分羽
角徵行乎其中而商復和之子朱子謂大
呂爲角則南呂爲宮應鐘爲羽則太簇爲
宮者是也元吳澄氏乃曰此文不惟不經
仍自相背戾既言六樂者文之以五聲播
之以八音矣而於五聲止用其四八音止
用其三聲音不備樂何自而作然則虞書
所云琴瑟以詠下管鼗鼓與商頌之那正
與周官相符質以子朱子所論商聲俱在

者彼皆非歟嗟乎分之則六變八變皆變自七音小德川流也合之則九韶之舞終于九變復貫而爲一大德敦化也此大人舉禮樂以昭天地之道也而後世惡乎知之王通曰圜丘尚祀觀神道也方澤貴祭察物類也宗廟用饗懷精氣也又曰化至九變王道其明乎故樂至九變而淳氣洽矣夫樂象成者也象成莫大於形而流於帝王化始終所可見也故韶之成也虞氏

之恩被動植矣鳥鵲之巢可俯而窺也鳳皇何爲而藏乎苟得其聲以歌南風固易易也雖然吾之心聲形焉者三才備矣天以四氣中正而分陰分陽故倡自黃鐘而協黃宮於清角所以動天也地以四維交際而迭用柔剛故和以太簇而雜商羽於流徵所以察地也人道以宮商爲父子君臣合商於角以象仁義而始終乎宮焉所以知人也仰以動天俯以察地中以知人

絃歌之道大矣君子可弗考乎何謂動天
昔者鄭師文從師襄遊得於心而應於器
援琴拭之扣商絃以召南吕涼風忽至扣
角絃以激夾鐘溫風徐迴扣羽絃以召黄
鐘霜雪交下扣徵絃以激蕤賓陽光熾烈
堅氷立散將終命宫而總四絃則景風翔
慶雲浮甘露降師襄乃撫心高蹈曰微矣
子之彈也雖師曠之清角鄒衍之吹律無
以加之師文之指顧取象動四氣之和以

著萬物之理此之謂動天也何謂察地昔者齊景公新成柏寢之室使師開鼓琴師開左撫宮右彈商曰室夕公曰何以知之師開對曰東方之聲薄西方之聲揚公召大匠問曰室何爲夕大匠曰立室以宮矩爲之於是召司空問曰立宮何爲夕司空曰立宮以城矩爲之明日晏子朝公曰先君太公立城何爲夕對曰古之立國者南望南斗北戴樞星彼安有夕哉然而以今

之夕者周之建國國之西方以尊周也公蹵然曰古之臣乎師開之言於晏子若符節焉以商和宮而知方維此之謂察地也何謂知人昔者孔子學鼓琴於師襄而不進師襄曰夫子可以進矣孔子曰丘已得其曲矣未得其數也有間曰夫子可以進矣曰丘已得其數矣未得其言也有間復曰夫子可以進矣曰丘已得其言矣未得其人也有間復曰夫子可以進矣曰丘已

得其人矣未得其類也有間曰邈然遠望洋洋乎翼翼乎必作此樂也黙然而異頎然而長以王天下以朝諸侯者其惟文王乎師襄避席再拜曰善師以為文王之操也傳曰聞其樂而達其本者聖也文王之德小心敬止而形於磬孔子以琴音尚宮而知其宜君此之謂知人也文王操以黃鍾為宮而奏之以少商應大絃也其見諧子史所述者如此固古樂之遺也然得其

聲數而和順不本諸心焉三才之與無從而接也故心也者通天之理協地之紀以立人之極者也是故聖王務脩其心以和於萬民萬民遂育而後天地可官也人道備矣子夏之論樂曰為人君者謹其好惡而已矣君好之則臣為之上行之則民從之是知本之說也

第四問

楊準

同考試官教諭莫　批　我
太祖扶世之功與天地同悠久而當時元勳諸臣適逢其會以成
駿功此策能揄揚之且有望於
今日中興之盛是有志於用世者錄之
同考試官教諭張　批　我
皇上重錄元勳之後寔以
皇祖之心爲心此策備紀其實而敷揚之可以見上稽之志矣宜
錄以式
同考試官學正陳　批　稽覈前烈指出一

時一世萬世之功三代以後闢此議論未聞以
伊周格天致平之說爲
獻忠愛惻然矣
考試官左諭德龔　批　此策備述我
皇祖締造之艱
皇上保治之盛及諸功臣光輔之勳是有繹思求定之志者錄之
考試官學士張　批　思先哲而有尚友之
志傑士也
有一時之功有一世之功有萬世之功與

利除害保國家以惠百姓進一介之善而
治一官之事者一時之功也除害救民推
亡固存安國家以扶社稷惠溥於四方而
澤被於天下者一世之功也撥亂世反之
正驅開闢以來所無之變而成開闢以來
所無之功復中國帝王所傳之統以肇啓
萬世太平之業使人紀以全綱常不墜其
澤流於無窮而名垂諸不朽者萬世之功
也知此則我

朝開國諸臣輔佐
皇祖以成帝業其功可得而論矣夫有一代之
興必有一代之君臣相與弘濟大艱以成
大業蓋氣運之徵適逢其會明良之遇夫
豈偶然然然才有短長時有難易故人品不
同而成功亦異要不可以執一論也自漢
言之高祖起於豐沛其同事者元功十八
人而留侯淮陰蕭曹平勃之功爲最大光
武起於宛其同心者雲臺二十八將而鄧

馮耿寇吳岑臧馬之功為最多繼漢而唐太宗起義關中其輔佐之臣則有英衛房杜諸臣繼唐而宋太祖兵變陳橋其熊虎之士則有趙曹潘石諸臣不特此也成湯以有衆故能成南巢之舉周武以十臣故能成牧野之功自昔創業垂統之君未始不有同心同德之臣而能成大事者也就而論之漢高祖之興以除暴秦之亂也光武之興以除王莽之亂也唐太宗之興以

除隋室之亂也宋太祖之興以除五代之
亂也然其所以致亂者則中國之自潰矣
未聞有夷狄之變也是故高祖也光武也
太宗也其所與成功之臣謂之除暴之師
可也是澤被於天下而天下之人受其賜
也其一世之功乎若宋太祖之事則不然
矣陳橋之事人心已歸國勢已定諸將不
過拱手以受其成矣非有驅逐剪除之勞
而坐收安寧平定之績雖後之定全蜀下

江南不過席巳成之業乘破竹之勢而待其斃矣求其不愧於名將者其惟曹彬巳乎是則宋之諸臣謂之一時之功可也若

我

太祖高皇帝之定元亂則有大不侔者矣元以胡人入主中國昏庸相繼將及百年此自古以來所無之變況道舛俗汚主昏臣亂用人行政舉無可紀大德以君則不君泰定以臣則不臣天曆以弟則不悌父死則

子孫其妻兄亡則弟妻其嫂君殂則臣妻
其后三綱淪矣九法斁矣天地則否塞矣
日月則晦盲矣舉天下之風俗而腥羶之
舉天下之人民而左衽之斯時也雖謂之
天下無邦可也斯變也開闢以來有之乎
嗚呼不有
聖人其何能國天厭昏亂篤生我
太祖高皇帝奮自南服不階尺土仗劒而麾之
驅百年胡俗之陋以復中國帝王之統正

人心汚染之舊以開中原文物之治以腥
羶則俎豆之以左衽則衣冠之天地以位
日月重明得國之正自三代以來雖漢之
高祖猶不能及於湯武有光矣一時貔虎
鷹揚之士光輔
丕基弘濟大業功成佐命名列元勳皆起自
鄉以赴雲龍風虎之會是則德被無疆名傳
不朽蓋萬世之功也況命將出師多稟
神謀天授斷非人力昔管仲佐桓公九合

諸侯攘夷狄以匡天下夫子猶以爲仁者之功夫楚亦諸侯之用夷者耳非胡虜之比也然則諸臣輔翼

皇祖以成萬世之功蓋十倍於仲耳使夫子之稱之也又當何如哉今考其時首翊義旗終平胡虜以收廓清混一之勳而爲元功之冠者則有徐武寧常忠武胡武莊鄧武順湯襄武沐昭靖李韓國劉誠意諸臣其

功在

社稷名在盟府固天下萬世之所共知者也
嗚呼室之作也必始於梁棟而其成則取
之衆材舟之具也必藉乎檣檝而其運則
資於衆力故五輅之行六馬之勞也一衮
之具百腋之飾也故曰后稷之爲烈也豈
一手一足之力哉若朱文正
皇姪也守孤城而抗大敵卒收掃蕩之績李文
忠
帝甥也倡忠勇而佐開運卒成混一之功以父

子而同心戮力者得數人焉胡德濟繼越
國之志費超纘平涼之功耿再成建狗城
之忠而子天壁揚其烈韓成著紀信之節
而子觀振其勳楊興死義于鄱陽之戰而
子文成開國之功瞿通效力於血戰之餘
而子能佐配天之業胡泉屢立戰功而子
顯繼之李子皐之首翊義舉而子勝繼之
他如李實杜榮裴誠徐義之父子或殺身
而濟難或矢志而立勳其成功不同忠義

之心一也以兄弟而同心戮力者得數人焉郭子興郭英之屢建大勳並列通侯吳良吳禎之累樹奇績同膺高爵廖永安不屈于僞吳而永忠成其志馮國用盡職于親軍而國勝懋其烈鄭遇霖戰死于蕪湖而遇春卒致滎陽之封張德勝戰死于采石而張四克膺督府之柄趙德勝之位列元勳而弟端鑑繼之陳方禮之首佐義旗而弟方亮繼之他如王玉劉友仁儲興高

譙阝成之兄弟或殺身而濟難或矢志以
立功其事業不同而忠義之心一也至於
父子兄弟一門立功之盛則有俞通海耿
炳文其人宋朝用楊國興吳昇其人尤爲
奇特故事功之烜赫聲名之昭布雖漢之
耿弇亦何讓焉我
皇祖不十餘年而成混一天下之功者亦由將
士之多賢也是以東平張士誠西剪陳友
諒南清閩廣北定中原西蜀雲南皆入版

圖率土普天罔不臣服昔之渙散者今寧

一矣昔之悖叛者今順服矣昔之分裂者

今混同矣復帝王所立之中國紹帝王相

傳之大統武功既定文教聿興

帝位方正而

宗社建矣

國號方立而大本定矣戎務方殷而庠序設

矣郡邑始附而名儒進矣禁同姓之婚而

汚俗以革均父母之服而大義以明定

天地之祀而除瀆禮之非正神祇之號而戒淫祀之失禮儀有定式而民志定矣律令有成法而民行興矣軍政有條例而兵有統矣洪武有正韻而書同文矣一百七十餘年以來休養生息煦育涵濡父得以保其子祖得以字其孫兄得以撫其弟夫得以保其妻謂非我

皇祖統一之功諸臣光輔之力哉夫人之所以爲人者以其有人道也人道者綱常之謂

也帝之所以帝王之所以王中國之所以
異於夷狄人類之所以別於禽獸皆本乎
此然則復萬古綱常之治謂非萬世之功
乎夫豈成一時之蹟立一世之功者可同
日而語耶今諸臣之後世襲衣冠代膺爵
祿帶礪之盟固足以爲人臣之勸矣然亦
有微弱不振泯没無聞而下同於氓隷者
思其人寧不念其功哉昔元始封漢臣之
裔而高祖之治有光延熹復中興之封而

光武之功益顯彼中材猶能行此驗之今
日夫豈其倫是故仰締造之艱則所以纘
承之者不容於不至念翼戴之勤則所以
繹思之者不容於不周故啓之賢以其能
敬承繼禹之道而言武王周公之孝亦以
其善於繼述而纘三王之緒也邇者
皇上納諸臣之請而重錄元功之後高爵再
頒有光後嗣興滅繼絕天下歸心誠善體
太祖之心而謹率由之訓矣雖然戡亂以武守

成以文古之道也成湯率有衆以昭聖武而非伊尹之一德則不能以格皇天有周得十臣以遏亂畧而非周公之六典則不足以致太平故創守一心也文武一道也然則

撫盈成之運而懋

中興之功實我

皇上今日事也天下臣民何幸身親見之

第五問

林樹聲

同考試官教諭王　批　博洽古今而東南水利宛然在目想其稗述民瘼尤抱先憂之志者錄之

考試官左諭德龔　批　策以時務爲問非徒以求博洽將以驗區畫之術如何耳子能考古援今惓惓於惠愛之實政其亦懷先憂之志者邪

考試官學士張　批　經畫明詳而憂民之意復形於篇末豈韋布而有賈生之志者乎

善治水者以海爲壑善治民者以仁爲壑
治水而不以海爲壑者拂乎水之性也治
民而不以仁爲壑者拂乎民之性也拂水
之性則其害在民也拂民之性則其害在
國也害在民者其猶可言也害在國者則
不可言矣故曰民猶水也所以載舟亦以
覆舟是以君子愼所以壑也執事發策而
以三吳爲憂者憂東南之民也憂東南之
民者憂天下之民也愚請因所問而條陳

爲然後終以仁傑之說可乎書曰三江既
入震澤底定言震澤之水由三江入海故
底定而不爲害也孔安國云自彭蠡江分
爲三入震澤遂爲北江而入海蓋泥於彭
蠡既瀦之文而牽合之也然不知彭蠡震
澤入海之道既殊而三江之名亦不得而
強同矣虞氏志林曰江自彭蠡分爲三又
曰江自大湖入于海其猶孔氏之說歟桑
欽水經所著與班固地理志相表裏也而

乃謂南江自牛渚上桐水過安吉歷長瀆
出松江入海者則又謬甚矣耶景純以岷
淅松爲三江韋昭以松淅浦陽爲三江宜
亦疑於安國之言而爲之臆說者耶酈道
元註水經則引之以爲據何哉程大昌所
進禹貢山川道里圖過實所脩崑山續志
類皆承而牡䧺之耳惟張守節曰三江在
蘇州東南至太湖曰松江曰東南入白
蜆曰上江亦曰東江自東北下三百餘里

入海曰下江亦曰婁江蓋得之矣顧夷吳地記唐仲初吳都賦註朱長文吳郡續圖經其所言雖有詳畧蓋皆本諸守節者也以今攷之太湖與吳江長橋東北合龐山湖者松江也又東南分流出白蜆入急水澱山東而入海者東江也自龐山過大姚東北經崑山石浦安亭由清浦入海者婁江也但澱湖之東流既塞而安亭亦失其故道久矣此單鍔所謂開白蜆安亭通青

龍鎭以入海者也震澤之稱見於禹貢而周官爾雅則謂之具區在史記曰五湖在左氏傳曰笠澤在揚州記曰太湖其實一也故安國云餘州浸藪皆異而揚州同者蓋浸藪同處論其水謂之浸指其澤謂之藪者是也張勃吳錄曰五湖者太湖之別名以其周行五百餘里故曰五湖虞翻曰太湖東而淞江南而霅溪西而荆溪北而滿湖連乎韭溪故謂之五也韋昭以胥蠡

洮滆弁太湖而五者固矣郭璞則以具區
洮滆彭蠡洞庭青草而五焉豈亦誤於禹
貢之言故取足於楚之所謂洞庭青草者
耶今震澤猶稱洞庭者其或昉於璞乎陸
魯望曰太湖上禀咸池五車之氣故一水
而五名斯穿鑿者耳烏足據哉夫太湖受
三吳數郡之水浩淼不可涯涘其底定也
則有灌溉之利其泛濫也則有浸淫之患
故古人之治之者惟疏其源使水之入者

有所分導其流俾水之往者有所歸然後民得平土而食矣故置五堰於溧陽以殺宣歙九陽之水所以節其入也開百瀆於宜興置斗門於江陰建千橋於吳江所以宣其出也單鍔之論要不出乎此耳然嘗攷之往集詢之故老而知古人之治有成績者不獨鍔也太史公曰大禹通渠三江五湖其震澤底定之時乎夫差北通邗溝吳濞擅利山海富强之計不足言也若王

濬之欲從武康紵溪穿渠直出海口功雖不竟志則可尚矣至於假節發三郡之人漕大瀆以瀉浙江者王奐也導太湖入海復緐租六十萬斛者張綸也自市涇以北赤門以南築堤起橋復田數千頃者張永和也上書宰臣具言水利者范仲淹也鑿盤龍滬瀆民賴其利者葉清臣也自封家渡至大通浦開淘七十餘里者徐確也郟亶言治田七事趙霖言水利三事李結獻

治田三議要以去患興民利也我
朝夏尚書原吉周侍郎忱相繼治之昭有成績吳民頌焉成化以來復許憲臣以董之於是乎事有專責而官無廢政矣夫治水以為田也治水而不治田則治水無全功治田以防水也治田而不治水則治田無全力是故治田之法有三曰築岸塍曰脩壩堰曰分大圩蓋全吳之地古稱澤國而田多低下所藉以禦水者岸塍也岸塍不

堅則雖有沃壤而棄之沮洳矣故令民脩作田塍則有若王純臣韓正彥注意隄防則有若夏原吉周忱皆極其經畫之詳密而可以守之者也後此者能繼而行之民不有餘利乎古人制田之法率因水道以正經界曰涇曰漊曰浜曰浦縱橫曲直有井田之象焉其通也以泄水其塞也以禦水皆使不爲田害而已後乃破古隄以通江湖專小利而風濤之入獨倚於岸塍故

民日勞而增築煩矣昔范文正公曰江南圍田每方數十里內有河渠外有門閘旱則啓之潦則閉之旱潦不及爲農美利今門閘不可復矣而脩舉壩堰之策獨不可行耶圩田之制隨地形之廣狹水道之遠近而爲之大小也圩之小者則岸塍易完民工易集時有浸潦則車戽之施可朝夕計功也圩之大者則岸塍既廣工力不及積水經月而稍成腐浥矣能度其勢而分

之使民力易施不其有利乎夫岸塍譬則
城郭也壩堰譬則關隘也小圩譬則三里
七里也關隘固城郭堅則內有所恃而寇
不能入三里之城七里之郭則小而易守
備無不足可禦然應敵無虞矣治水之法
有三曰決三江曰濬諸浦曰導涇港蓋太
湖東入松江出吳江以入海古未有隄障
也宋築長橋以便漕運而江流始噎此單
鍔所以欲鑿吳江岸爲木橋以通之也代

加浚治已有成効而或者猶欲决去長橋以快入海之道則亦難矣澱湖之西曰急水曰白蜆東曰小漕曰大瀝皆東江入海之故道也今諸港淺狹而東江遂塞惟澱湖支流北入吳淞江耳因其舊迹而疏之則松江之流其安乎吳淞江即古婁江也通塞無定夏原吉嘗浚夏駕浦北貫吳塘通劉家港以入海矣周忱嘗浚顧浦以通吳淞江入海矣然渾潮往來江流漸狹久

而不治恐壅塞之害深而爲力難矣古人於沿海之所浚三十六浦以分三江之勢則入海之途多而水之流不滯也今則未能盡復其舊而入海者惟茜涇七鴉白茆楊林入江者惟福山許浦而已苟能於其未浚者而浚之於其已浚者而時導之以爲經久之規則今日之急也圩田四圍皆涇港環繞所以決田中之水以泄諸湖塘而達之海也必使脩治深闊而可以爲容

納之地則田之積水可蓄於溝港溝港通
流則可以散灌於塘浦塘浦不遏則可以
疾趨於江海而水之患息矣夫吳郡之水
譬諸人身五堰則首也荆溪則咽喉也震
澤則胸腹也三江則腸胃也浦港涇瀆則
脉絡衆竅也腸胃閉衆竅塞脉絡不貫而
咽喉之入不節吾見胸滿腹脹而斃可待
矣夫變通者智也經畫者法也若古人之
所行與夫單鍔所著者固法之善而智亦

存乎其中矣然時異勢殊陵谷更易所以
神變通之術以隨時宜民者則又存乎人
焉耳愚嘗因是而悲吳郡之民其所患者
不獨水也麋賦之外供組繡之麗者取靡
焉嗜耳目之玩者取異焉務陶埴之用者
取精焉㮚囊篋之貪者取盈焉富商大賈
後矣同濵豪家勢族吞併不饜故民之貧
者男終歲耕而曾不得託糠粃以飽也婦
終歲織而曾不得蔽襠褻以煖也然則實

之溺於民者獨水也哉又嘗因是而泛觀四方之民弘治而上家餘藏帑餘積山林川澤餘利也邊卒嬉武吏不宿逋而今則上下伵伵然稱匱矣夫國依於民民依於財故財者民之命也先王之世財藏於民而後世之財藏於官今也不藏於民不藏於官矣夫不藏於官也猶必取諸民以盈之苟不藏於民也則又將何所取耶取之而竭焉鮮不至於橫潰而決裂也已故曰

其害在國也且今日之勢其可爲賈生之痛者抑又甚矣役於楚饑於汴虜於秦晉蝗於齊魯水於越盜賊於吳調發於川廣而燕趙疲命工作矣吾恐淇濤瀾於國中而沮洳接壤也然則民之害於溺者獨吳也哉是故節財用省工役裁冗食禁弁漁薄征歛而後民力可緩息有之計其在茲乎是仁壑者也

應天府鄉試録後序

聖天子龍飛嘉靖十有九年爲庚子凡七舉士矣是歲實維其期先是應天府臣以考試官請

上命臣治臣用卿往涖其事臣等大懼弗任無以仰塞

明詔遂以秋七月庚子

臣辭兼程而虔爰以八月丙寅至
自
京師及入院胥戒胥飭維勤維謹
矢心秉公越二旬而告成事臣
用卿作而言曰我
國家億萬年無疆之休與天地並
其在茲乎夫人君代天而治天

下必資賢才與之共理成周取士之法考諸經可見已顧今之賢才無以自見其勢不得不一歸之科目以羅之閒或有不藉於是者然亦罕矣科目之設自漢以明經取士其來尚矣然道有升降政由俗革故其登庸之

選哉不免有他途之雜求其經
常而可守者孰有如
國朝哉我
太祖高皇帝當胡元之亂奮起南服
易腥羶污染之俗以復中國衣
冠之舊定鼎金陵功在萬世一
時開國佐命之臣元勳碩輔肩

聯輩出固皆濠潁淮泗之産也
當戎馬倥傯日不暇給之時首
聽儒臣之請建立學校訪求人才
自洪武三年卽
詔天下開科取士歲一舉行旋而
議格至十七年始定爲三年一
舉之制雖典章不相沿固周人

選舉之遺意也是故士有定業
人有定志庠序絃歌之風被於
天下而文教日興矣
成祖文皇帝啓土冀方兩都並建雄
據華夏
列聖相承益隆繼述培植至于今蓋
已百七十餘年之久肆我

皇上懋昭文德闡揚理學明敬一註
五箴
睿藻天葩昭回雲漢惠宣澤流海內
嚮風士生斯時皆爭相濯磨有
共惟帝臣之願是以士無異學
人無異議能言之士彬彬然有
加於昔而文教日盛矣邇者諸

省鄉試議遣京朝之官稍加条
酌間以不便停罷獨兩畿試事
自立科以來往之以
侍從文學之臣著爲畫一之法遵
行不變所以隆基本而崇治化
也豪傑之才胥此焉出而
社稷長遠之利終必賴之求無疆

之聞端在此矣爾諸士之生去
皇祖之時若此其未遠也居近
帝鄉若此其甚也涵濡
聖明棫樸菁莪之化積而彌光又爲
首善之地以先天下其文之日
益盛固宜然矣夫士以文進也
主司之所知者文而已耳今之

爲文者日異月化屢變而求工於
國初渾厚之意不能無異君子懼焉夫文之盛也是則可喜也而君子懼焉何哉謂其志本實而狥浮靡也故謂文不足以知人非定論也謂文足以盡人亦非

定論也夫言者心之聲也文者
言之成章也人之有言皆出於
心言顧不可以知人乎孔子曰
吉人之辭寡躁人之辭多誣善
之人其辭游知人者亦於多寡
煩易之間加之意焉耳而人品
之邪正學術之純駮於此見焉

然言不由衷容亦有之此孔子
聽言觀行之戒所以深警宰予
也惟夫善學者不徒事於言必
求事於心善用人者不徒于其
言而必于其心言如其心是謂
顧行是謂實德施諸身則必不
爲詞章口耳之華其學爲實學

措諸用則必不爲苟且鹵莽之
習其政爲實政庶幾如
國初得人之盛而復還渾厚之氣
主司實有望焉吾甚懼夫世之
眩其實而徒樂乎其言之是飾
也爾諸士其亦有不由衷之言
也乎夫言不由衷其流之弊將

無所不至矣不亦深可懼哉彼名世之諸臣非諸士之鄉人也乎其勳業載諸盟府流於後世赫赫然可徵也諸士子尚友古人其亦近取諸鄉也哉今茲舉也安敢謂無若人者出以應

當宁側席之求以共承嘉靖

中興之治乎誠得若人而舉之則
其輔理承化之功必章章然可
觀者斯不負
明時求賢圖治之至意於科目不
亦大有光哉否則不惟爲有司
者之憂亦重爲科目之羞諸士
子其毖戒之哉

原書脫去末
簡龔跋此
姓名並所附
御試錄例是
兩考官作序
附考官作跋
故據袁前
所列銜名補
之　槜李記

奉訓大夫左春坊左諭德兼翰
林院侍讀龔用卿謹跋